「钱塘江故事」丛书

周膺 吴 晶／著

浙江工商大学出版社｜杭州

钱塘江物语

钱塘江，流淌不息的是故事

浙江省钱塘江文化研究会会长　胡　坚

钱塘江，是浙江的"母亲河"，流经浙江近50%的省域面积，世世代代滋养着浙江人民繁衍生息。

钱塘江是一条自然之江。它是浙江境内最大的河流。以北源新安江起算，全长588.73千米；以南源衢江上游马金溪起算，全长522.22千米。两岸青山叠翠、云卷云舒、村镇星罗、田野棋布。钱塘江因天下独绝的奇山异水而久负盛名、享誉古今。它哺育的美丽浙江，有看不完的风景，说不完的故事，讲不完的传奇。

钱塘江是一条梦想之江。钱江源头，一滴滴水珠汇聚成涓涓细流，形成山涧的清泉，从蜿蜒的山脉中豁然涌出，汇成溪流，聚成小河，凝成大江，涌成惊涛拍岸的钱江大潮。每一滴水都能在这个过程中，发现自己原来这么有力量。钱塘江以不息的潮汐告诉人们——只要有梦想，有方向，有凝聚力，渺小也能够构成伟大，数量就会变成力量。

钱塘江是一条精神之江。钱塘江赋予浙江人以物质财富和精神财富，浙江人赋予钱塘江以自然状态和人文形态。"天时""地利"造就了钱塘江涌潮，"怒涛卷霜雪""壮观天下无"。千百年来，钱塘江

"弄潮"是一种奇特的人文现象。"弄潮"之风在唐朝时兴起，宋朝时更甚。迎着滚滚而来、地覆天翻的江水，在声如雷鸣、涛如喷雪的潮水里，"弄潮儿向涛头立，手把红旗旗不湿"，气贯如虹的雄姿，给后人留下了不畏艰险、敢于拼搏、逆浪而进、力压潮头的人文精神。

钱塘江是一条艺术之江。自晋唐以来，钱塘江吸引了众多文人墨客前来游历论学。他们或探幽访胜，或宦游访友，或寄情山水，留下了无数诗篇华章，如白居易《忆江南》、柳永《望海潮·东南形胜》等名篇，令画卷上的钱塘江弥漫着浓厚的书香与笔墨气息。在这里，诞生了无数绝世篇章。同时，成就了一代宗师黄公望的山水画巅峰之作《富春山居图》，造就了"中国山水画泰斗"黄宾虹等一批画家，诗情和画意绵延古今。另外，钱塘江还成就了吴越文化和在中国人文思想史上产生过重大影响的新安文化。孔氏家族"扈跸南渡"更是推动了儒学在江南的传播，开创了儒学新风尚。

钱塘江更是一条创造时代的奇迹之江。改革开放以来，浙江人民在建设中国特色社会主义的大潮中，干在实处，走在前列，勇立潮头，在钱塘江两岸创造了一个又一个人间奇迹，也创造了新时代的灿烂文化。特别是当我们走进新时代，吹响"实施拥江发展战略，努力打造和谐宜居、富有活力、特色鲜明的现代化城市"的号角，更是让钱塘江彰显出了勇立潮头、大气开放、互通共荣的时代精神。

钱塘江文化研究会聚集的这群人，有着一种强烈的文化情怀，要为挖掘、整理、塑造、传播钱塘江的文化尽微薄之力，做出自己的贡献。

编撰"钱塘江故事"丛书是这群人的一种探索和努力。我们相信，该丛书的出版，有助于增加人们对钱塘江的了解，有助于丰富人们的文化生活，有助于增强钱塘江文化的外在影响力和文化软实力。

我们将以自己勤劳的双脚去丈量钱塘江两岸的崎岖路径，以敏锐的眼光去发现钱塘江流域散落的故事，以与众不同的思考去感悟钱塘江的文化特质，以鲜活的文字去表达钱塘江带来的无穷魅力。我们会专注那些有情感的故事，有品位的故事，有启迪的故事，有历史的故事，有回味的故事，让读者在阅读中体会钱塘江的好，钱塘江的美，钱塘江的厚重与钱塘江的温度。

"钱塘江故事"丛书将高度关注钱塘江流域村落的古往与今来，关注非物质文化遗产的传承与活化，关注历史艺术与当代艺术的生命与发展，关注民间风俗和风土人情的变迁与时尚，关注旅游和文化的融合与共生，关注每一个值得关注的历史细节与文化符号。丛书在讲究思想性、学术性、艺术性的同时，突出实用性、服务性、可读性，希望能成为爱好者的口袋书、旅游者的携带书、管理者的参考书。

我们带着朝圣般的虔诚，带着颤抖的灵魂，带着历史的使命做这样一件有意义的事。

虽然道路遥远，但我们已经起步。

是为序。

序

　　钱塘江流域是中国东南地区早期人类的摇篮和中国最早的新石器文化发源地，也是中国文明的发祥地。良渚文明是这一地区原始文化的集大成者，又构成了中国文明起源阶段最早的最有代表性的文明形态。良渚古城遗址是实证中国5000年文明史规模最大、水平最高的大遗址之一。中国有十大古都之说，杭州是其中最具代表性的古都之一。作为良渚古国和吴越国、南宋王朝的首都，以及明清时期的开放门户，杭州汇聚了广域文明成果，将中国文明推向高峰。历史上钱塘江流域所在的吴会或两浙地区在开放包容中也实现了整体性发展，成为中国著名的鱼米之乡、工商重地和文化之邦。

　　良渚文明所体现的原始创新和集成创新内涵是中华文明宝贵的精神财富。钱塘江文化是中国东南沿海富有特色的地域文化的组成部分，但它从比良渚文明更早的时期开始便不如中国大多数地域文化那样地域特色或历史特征鲜明，相对而言更具杂泛性和时代性。其原因是钱塘江文化包含了更多的外源性因素。虽然本域文化如越文化在其形成或塑造中是基础性的内源性因素，但这种本域文化善于突破自身的局限而顺应于外力的改造，在历史变迁中不断吸纳外源性因素，并且将许多外源性因素转化为内源性因素进行集成创新。经过漫长的积累，原来的外源性因素在总量上超过了固有的本域文化因素，本域文化倒成为隐在文化，而经外源文化改造的文化则成为显在的主体文化。在这种意义上，钱塘江文化并非产生于本地的地域文化，而是中国文化乃至中外文化在钱塘江流域的历史综合体或集成创造物。钱塘江文化是地域人的精神史，也是中国文明、人类文明的精神现象学。

　　本书重点从文明发源、都会形胜、文物典章三方面展示钱塘江流域的文明，有关精神面向的将以另著阐述。作者希冀用宏大历史叙事中的关键素材考证旧史、梳理沿革、记录人事和留存轶闻。虽然时移世异、百态丕变、耆旧凋零，仍力求多用罕见材料发人所未发，并强调趣味和境界。当然，有一代人的心史，才有一代人的掌故。

目 录

毓物之德

第三篇

第一篇

钱塘江物语

文明渊薮

浙江人的由来

　　讨论中国人从哪里来曾是一个热门话题，道说浙江人的来源与之不可分。大家熟知的英国生物学家查尔斯·罗伯特·达尔文（Charles Robert Darwin）早在1871年出版的《人类起源与性的选择》一书中即推测非洲是人类的摇篮。1987年美国遗传学家阿兰·威尔逊（Allan Wilson）、丽贝卡·卡恩（Rebecca Cann）和马克·斯通金（Mark Stoneking）在《自然》上发表《线粒体DNA与人类进化》一文，提出著名的"夏娃假说"或"非洲起源说"，认为现代人类起源单一并来自非洲。此后，来自线粒体DNA、常染色体、X染色体及Y染色体的遗传学证据都支持这一假说。20世纪90年代以来，一批中国遗传学家对中国或东亚地区现代人群的基因研究也支持这样的观点。1998年和1999年中国科学院昆明动物研究所研究员褚嘉佑和复旦大学现代人类学研究中心主任金力等在《美国科学院学报》上先后发表《中国人群的遗传关系》《从21号染色体单倍型分布识别史前人类的迁徙》二文，2001年浙江大学教授柯越海等在《科学》上发表《东亚现代人的非洲起源：12000个Y染色体的故事》一文，为之提供了许多新的论据。他们的研究表明，亚洲地区不存在距今100万年以来直立人到现代人的连续进化序列，北亚洲现代人类迁徙路线图（资料来源：孙展等：《中国人从哪里来："北京人"与中国人没关系》引李辉绘图，2009年2月12日《先锋国家历史》）

京人、山顶洞人不是中国人的直系祖先。东亚地区尤其是中国距今10万—4万年现代人起源的关键时期出现了化石断层，即所有属于古人类的化石都有距今10万年以上的历史，而晚期智人的化石都晚于距今4万年。从非洲迁徙到亚洲的早期人类分为早亚洲人和晚亚洲人两支。浙江发现的最早的人类化石距今约4万年，当属早亚洲人；晚一些的可能为晚亚洲人。

不过2007年河南省许昌县灵井遗址发现距今10万—8万年的许昌人头盖骨化石，2010年至2015年湖南道县福岩洞发现47枚距今12万—8万年的人类牙齿化石，它们是否能推翻上述断层或缺环说尚待进一步的考古发现和研究来证明。中国科学院院士、中国科学院古脊椎动物与古人类研究所研究员吴新智虽认可人类起源于非洲的观点，但认为现代人是由生活在各地的古老型分别进化而来的，即所谓"连续进化附带杂交"。现代人的祖先并不一定是在距今20万—10万年或5万年的近期走出非洲取代各地的人类，而是有多地区同时连续进化的祖型。其实化石研究相当困难。目前中国共发现2000多处旧石器文化遗迹，其中有人类化石的仅70处，而大部分遗址仅出土少量牙齿，故很难做量化研究。石器研究或可填补某些缺环，但吴新智的观点没有比上述分子考古学更充分的论据。

从地理上来推断，晚期智人在中国长江下游流域应当先生活于南部山区，包括浙江西部、南部山区。其中钱塘江上游、苕溪上游和浙西南、浙西中丘陵山谷都是其分布区。浙江的旧石器文化考古主要是从钱塘江流域开始的。1929年中央研究院地质研究所研究员王恭睦对江山市大陈岭乡早田坂村的龙嘴洞进行考古发掘，发现第四纪晚更新世剑齿象—大熊猫群动物沉积，距今已有六七万年。1957年中国科学院生物学地学部委员、中国科学院古脊椎动物研究室研究员裴文中和研究员邱中郎在杭州市西湖区留下街道采集了一批哺乳动物化石。1962年10月至1963年6月浙江省地质局区域地质测量队的黄正维等在建德市、衢州市衢江区（原衢县）等地考察了100多个洞穴，发现一个含哺乳动物化石的地点，并对其中的乌龟洞、昂畈村后洞、骆洞、葱洞3号洞4个洞做了发掘。除获得丰富的哺乳类化石外，还在乌龟洞发现古人类牙齿化石一枚。但这次发现的人类牙齿化石后来遗失。1974年中国科学院古脊椎动物与古人类研究所研究员张森水、韩德芬等又在乌龟洞发现一枚人类牙齿化石和若干动物化石，并将所代表的古人类定名为"建德人"。2000年5月浙江省文物考古研究所研究员王海明等对葱洞附近的观音洞进行考察，认为该洞在更新世末期可能有人类活动，其第八至十三层堆积是人类和自然共同作用的产物。

为了进一步探索古人类在浙江境内的活动踪迹，2002年10月12日至11月17日中国科学院古脊椎动物与古人类研究所和浙江省文物考古研究所组成"中国晚更新世现代人起源与环境因素研究专项：浙江旧石器考古调查"课题组，在西苕溪流域进行考古调查，先后发现多处旧石器文化地点和大量旧石器。这次调查只涉及苕溪流域不大的一个区域，却发现了密集度非常高的遗址或文化地点，说明苕溪流域在旧石器时代已普遍存在人类聚落。2004年5月26日至6月1日，中国科学院古脊椎动物与古人类研究所、浙江省文物考古研究所和临安市文物馆联合组成的考古调查组在杭州市临安区进行旧石器时代文化考古调查，发现了大量类似石制品。据张森水所说，建德一带的考古调查已构成一条熟路，而他曾多次去与浙北邻近的安徽省宁国、宣城市一带考察，同样也构成一条熟路。自1987年宁国市英雄岭首次发现旧石器以来，已找到旧石器地点数十处。浙江省安吉、长兴县与那个地区没有地理阻隔，地貌环境也相似，所以发现旧石器的可能性极大。由此可以推断，钱塘江流域、苕溪流域和天目山区是中国东南沿海地区旧石器文化的发源地。从时空关系来看，钱塘江上游、苕溪中上游流域很早便有晚期智人活动，并且出现许多定居点或聚落。晚更新世后期则向钱塘江和苕溪下游流域移动，至全新世早期发展为新石器文化聚落，为中国文明的发育发展奠定了基础。

从旧石器时代开始浙江的历史文化便不如中国大多数地域文化那样地域特色或历史特征鲜明，相对而言更具杂泛性和时代性。其原因是包含更多的外源性因素。已发现的旧石器以南方主工业为主，但长兴县白岘镇王家村发现的残长石片和安吉县溪龙乡溪龙村西发现的单端刃刮削器是南方主工业所没有的，它们常见于北方主工业，或可说明旧石器时代浙江地区与北方文化即有交流。浙江的新石器文化以钱塘江为界可分为南北两系。已发现的遗址南系的较早。浙中钱塘江流域的浦江县上山遗址以及金华市区下周遗址所代表的上山文化是目前发现的长江下游流域最早的新石器文化遗存，年代距今11000—9000年。嵊州市小黄山遗址年代距今约9000年。此后又有距今约8000年的分布于杭州市萧山区的跨湖桥文化、距今约7000年的分布于余姚市的河姆渡文化。它们有发展的连续性。钱塘江北系的新石器文化主要是距今约7000年的马家浜文化、距今约6000年的崧泽文化和距今5300—4000年的良渚文明。文化内涵显示，南北两系文化经历了"相似—趋异—渗透—趋同"的发展轨迹，最终结果是良渚文明统一了整个地区。从文化性质来说，钱塘江南系文化是浙江原生的河谷平原文化，颇多山岳气质，与后来的越文化一脉相承。钱塘江北系文化则分布于整个环太湖流域。虽然良渚文明中心遗址良渚古城遗址位于浙江省杭州市余杭区，但这一系文化是整个长江下游地区新石器文化融会发展的结果，具有较多外源因素，与后来的吴文化关系更密切。良渚文明的综合发展水平显示出其已达到或超出中国新石器时代最高的文化发展水平，进入文明起源阶段。良渚古城遗址被中国考古学界称为实证中国5000年文明史规模最大、水平最高的大遗址之一，并于2019年列入"世界遗产名录"。由此可知，自中国文明起源阶段起外源文化已构成浙江的主体性地理文化，外来人口或也构成浙江人口的主体。

良渚文明衰落以后，由于一些考古学尚不能确证的原因，整个中国东南地区的文化相对陷于沉寂。早期文献笼统将这一地区归为百越所

在。直至春秋战国时期出现强大的越国（文献中将其回溯于夏代）。越文化此后很大程度上被作为浙江历史文化的象征或代称。不过，在更细致的论述中，钱塘江以北的浙北地区仍与苏南、上海一同以吴文化来表征。商末古公亶父有意传位于三子季历，长子泰伯避让，携二弟仲雍东奔建立吴国，为吴地带去先进的生产技术和礼仪文化，促使吴地土著文化与中原文化融合，形成了吴文化。而今人李济、傅斯年、徐仲舒、凌纯声等都论证中原文化有较多中亚美索不达米亚文明东传的因素。吴文化还吸收了对中国南方地区影响最大的荆楚文化因素。吴文化对长江三角洲区域文化也多次进行重大整合，将吴、越地区即后来的两浙地区总体上改造为吴文化区。这一地区原有的民族性随之激变，文化传统实现了质的转换，汉语代替了越语（形成吴语），民风逐渐由"尚武"转变

为"尚文"。吴文化不仅有比越文化更多的外源因素,而且因吴地位处长江、大运河交叉口,在海外通商以前的国内贸易时代地理基础比越地更优越,文化发展的机缘也更多,自然比越文化更占上风。秦汉以至宋代,越地对外文化交流很大程度依靠吴文化的渗透或转驳。尽管本域文化如越文化在浙江历史文化的形成或塑造中是基础性的内源性因素,但这种本域文化善于突破自身的局限而顺应于外力的改造,在历史变迁中不断吸纳外源性因素,并且将许多外源性因素转化为内源性因素进行集成创新。经过漫长的积累,原来的外源性因素在总量上超过了固有的本域文化因素,本域文化倒成为隐在文化,而经外源文化改造的文化则成为显在的主体文化。由此构成这样一种历史结构:建德人—上山文化—跨湖桥文化—河姆渡文化—越文化等底色构成隐在的暗线,本域文化含容涵化外源文化所形成的新文化如马家浜文化—崧泽文化—良渚文明—吴文化以及后来的南宋文化—启蒙文化等则始终占据主导地位,形成另一条显在的明线。两者共构为超区域的递嬗上升螺旋结构,长期维系经济社会发展。在这种意义上,浙江历史文化并非产生于浙江的地域文化,而是中国文化乃至中外文化在浙江地域的历史综合体或集成创造物。而在这一历史过程中,浙江不仅直接迁入大量外地人口,本地人的基因和血缘关系也不断得以改造。具有多元文化性征的"浙江人"由此逐渐形成。

浙江历史文化能进行有效的集成创新与浙江人对移民和移民文化的包容接纳直接相关。浙江后来有过多次移民迁入潮。虽然可供开发的平原面积很小,但移民总体上都能得到较好安置,并且融入本地社会,而且在很多时候甚至外来人口数量超过本地人口。经过约2000年的累积,可以说总体上置换了浙江人的基因。

　　六朝时因连年战乱，全国总人口较东汉时有较大幅度下降，但大量北方人口南迁却使包括浙江在内的江南地区人口持续增长。不少南渡的高门大姓为了避免与江东士族强宗冲突，渡过钱塘江到吴人势力较弱的今属浙江的会稽、东阳、新安、临海、永嘉5郡。东吴割据势力形成后又着力招抚北来流民。仅东汉建安十八年（213）一次就有10余万户南来，吴五凤二年（255）又有万人。东吴还多次发动掠拐人口的战争，比如建安十二年孙权西征江夏太守黄祖部，虏男女数万口；建安十九年孙权征皖城，获庐江男女数万口。孙权还泛海辽东和海岛掠夺人口，如吴黄龙二年（230）派卫温、诸葛直等浮海至夷洲（今台湾）得数千人。东吴增加人口的另一项重要措施是驱使山越下山，逼迫他们成为国家直接控制的人口。山越是居住于山区的山民，成分为同化在汉人中的古越人和因各种原因避入山区的汉民。根据《三国志》等的零散记载，断以孙晧时的政区划分，山越的分布之地广至丹阳、吴、吴兴、会稽、鄱阳、豫章、庐陵、临川、新都、东阳、东安、建安12郡，北至长江，东至沿海，西至赣江西岸，南至南岭一线。在这一范围内的山地，如今皖南黄山，浙江天目山、会稽山、括苍山、仙霞岭，福建武夷山，浙赣交界怀玉山以及江西九岭山，大都为山越出没之地。自汉武帝元封元年（前110）徙越直至东吴，300多年间，越汉民族融合得以完成。

　　三国以后的100多年，无论是北中国的十六国北朝还是南中国的东晋南朝，人口迁移规模之大、范围之广、历时之久、影响之深均超过以往任何时期。为安置北方难民，东晋政权在建康（今南京）附近大量设置侨州、郡、县。但今浙江地区则是一个例外，基本没有设侨州、郡、县，这与该地区东吴急剧膨胀起来的土著豪强势力分不开。南迁世族豪门避开与土著豪门在经济利益方面的直接冲突，多将开发目标定在未开

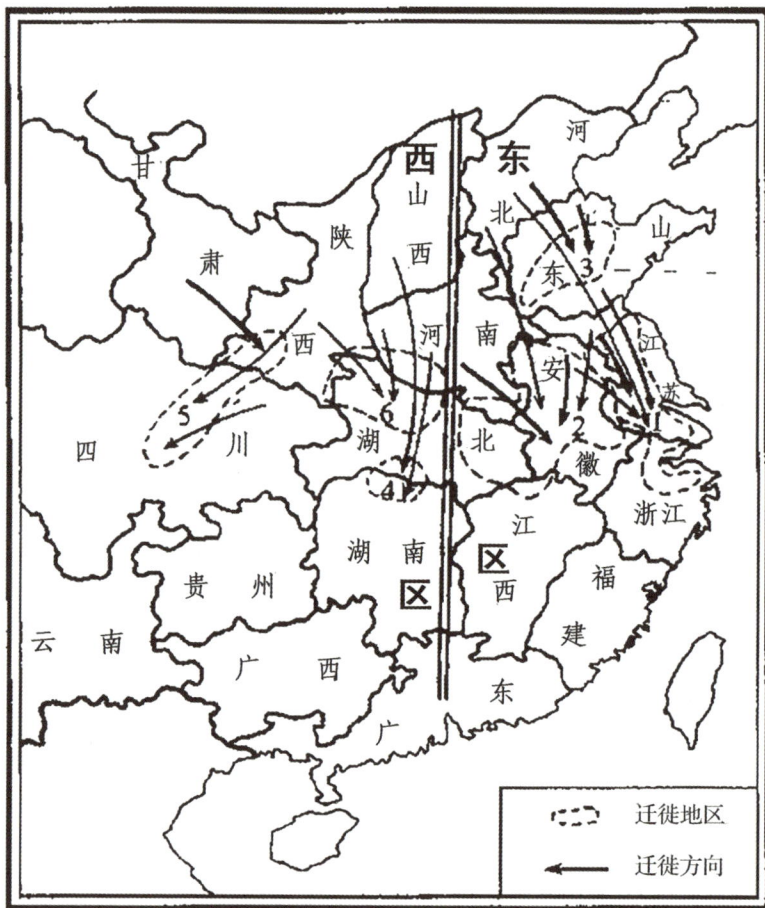

西晋永嘉之乱后人口南迁示意图（资料来源：
葛剑雄、曹树基、吴松弟：《简明中国移民
史》，福建人民出版社1993年版，第151页）

垦的地区，不仅开发了更多的土地，而且与南方土著豪门形成竞争，在发展经济的同时吸纳了更多的流民，稳定了社会秩序。陆续迁入浙江的北方移民主要分布在今杭州市域的钱唐、余杭、建德、始新、遂安以及今嘉兴境内的海盐、由拳等县。谭其骧《晋永嘉丧乱后之民族迁徙》一文指出："西晋末，五胡崛起中原，晋室倾覆。元帝东渡立国于建康，收辑人心，又安江左，南方荆、扬、江、湘、交、广之地，赖以得全。于是中原人民之不堪异族统治者，相率避难斯土。初犹侨寄思归，终以二百余年中原不复，习久而安，乃不复有北风之想，其后裔遂长为南方之人矣。"谭其骧又以《宋书·州郡志》侨州、郡、县之户口数当南渡人口之约数做出推断，截至刘宋时南渡人口约有90万，占当时全国人口约540万之1/6。

唐代安史之乱再次引发大量北人南逃，两税法推行后北人又由税之"旧重之处"流向"旧轻之乡"。隋唐时期浙江地区赋税不轻，但严格的税制推行较晚。另外，虽然有中央政府的重赋，却因人民易反，地方政府的横征暴敛相对较少。浙江因此成为人口流入的洼地。北宋时期的状况与之类似。在北宋东南最重要的三大都市中，杭州的人口就远远超过昇州（江宁府）、苏州。据《太平寰宇记》相关卷所记，太平兴国四年（980）昇州主客户61690，苏州主客户35249，杭州主客户170457。《元丰九域志》卷五《两浙路》记载，100年后的元丰三年（1080），江宁府主客户168455，苏州主客户173969，杭州主客户202816。《宋史》卷八八《志第四十一·地理四》记崇宁元年（1102）江宁府户120713，苏州户152821，杭州户203574。杭州成为全国人口最多的州、府之一。南宋时政治中心南移，更有大量北人络绎迁徙而来。绍兴年间（1131—1162）临安有主客户205369，比之北宋末年约有3000

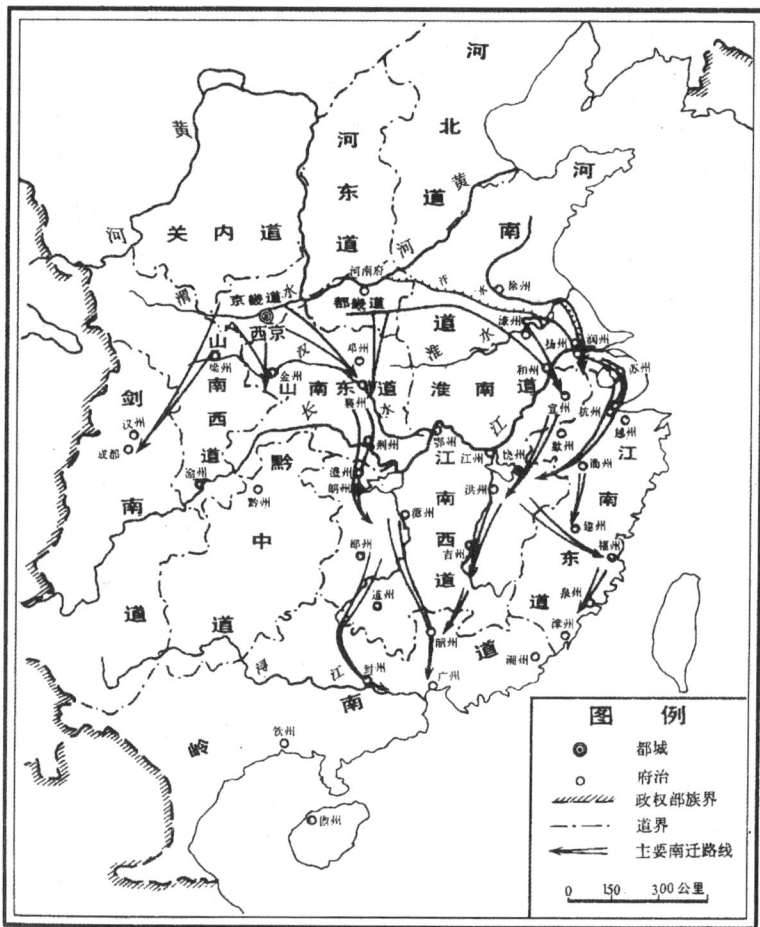

唐代安史之乱后人口南迁示意图（资料来源：
葛剑雄、曹树基、吴松弟：《简明中国移民
史》，福建人民出版社1993年版，第257页）

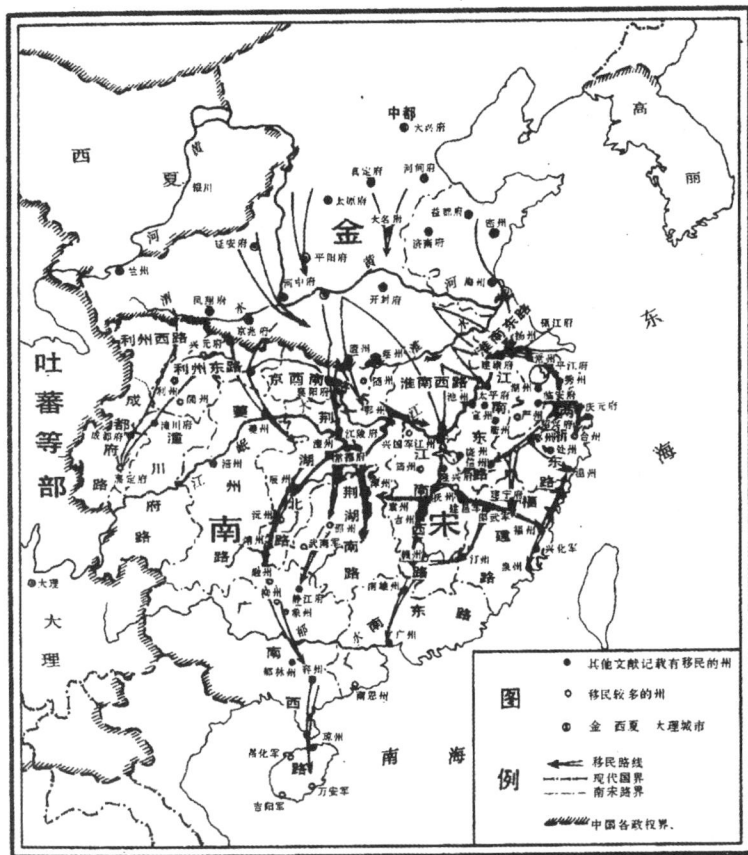

南宋北方移民分布与迁徙示意图（资料来源：
葛剑雄、曹树基、吴松弟：《简明中国移民
史》，福建人民出版社1993年版，第309页）

户的增长。此后因战事又有几次大的人口南迁，特别是成为都城以后经济政治资源集聚能力空前增强吸引各地人口汇聚，临安人口增长形成几个高峰期。乾道五年（1169）主客户261692，淳祐十二年（1252）主客户381335，咸淳七年（1271）主客户391259。若按每户5—6口的中位数5.5口计，则北宋崇宁元年杭州约有人口112万，南宋咸淳七年临安府约有人口215万。其中钱塘、仁和2县咸淳七年主客户186330，人口约102万。南宋建炎年间（1127—1130）右谏议大夫郑毅曾上奏说："平江、常、润、湖、杭、明、越，号为士大夫渊薮，天下贤俊多避地于此。"绍兴二十六年（1156）起居舍人兼权给事中凌景夏言："切见临安府自累经兵火之后，户口所存，裁十二三，而西北人以驻跸之地，辐辏骈集，数倍土著。今之富室大贾，往往而是。"如将乾道五年当地居民估计为7.1万户，外来移民及其后裔约18.9万户，即北方移民及其后裔约占人口的72.7%。如将其占比估计在约2／3，也约当17万户。移民的成分主要是官员、军人、文人、商人、工匠、农民、艺人、妓女等。从时间上看，临安的移民主要可分为两宋之际迁入的北方老移民，此后迁入的北方新移民和女真、契丹、奚、渤海等东北移民以及南方移民3类。临安移民约3／4来自今天的河南省，绝大多数又来自开封。此外还有来自今山东、山西、河北、陕西以及江苏与安徽两省的淮河以北地区的。

元代政治中心北移，但浙江仍然因经济发达继续吸引外来人口，且有西域多民族汇聚。明清之际浙江作为中国东南的门户人口持续集聚。随着明代中期大航海时代的到来，西方人开始大规模进入东方，中西方展开了大规模直接贸易。虽然这种贸易基本呈现为"东洋往市、南洋互市、西洋来市"的局面，浙江历史文化所受影响却已经由西域或近东、中东推延至远西。来自各地的许多商人涌入浙江，由此到海外经商。除

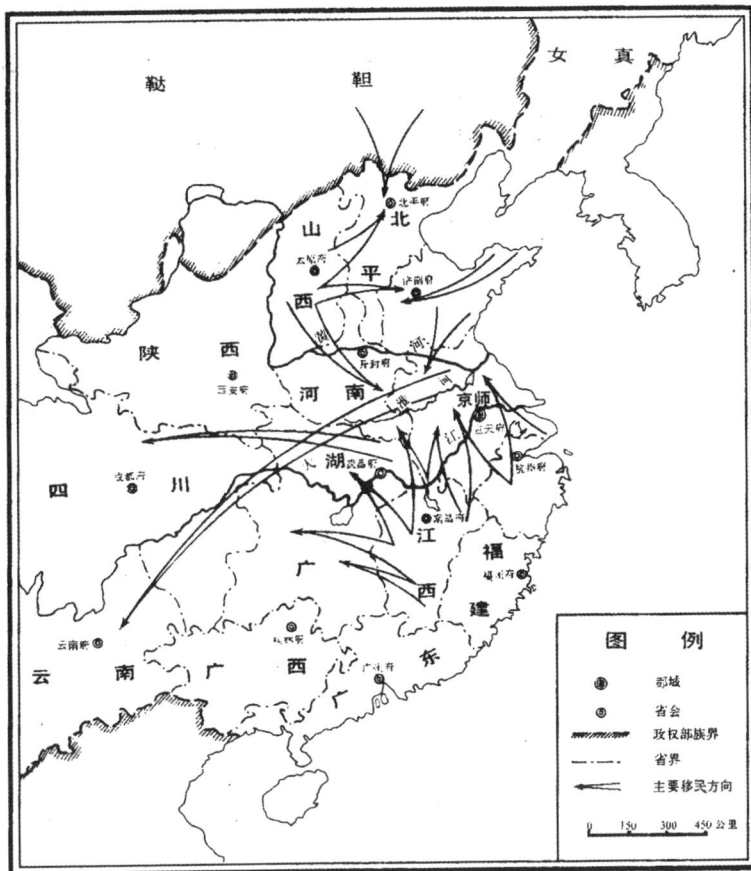

明代初年移民迁徙示意图（资料来源：
葛剑雄、曹树基、吴松弟：《简明中国
移民史》，福建人民出版社1993年版，
第392页）

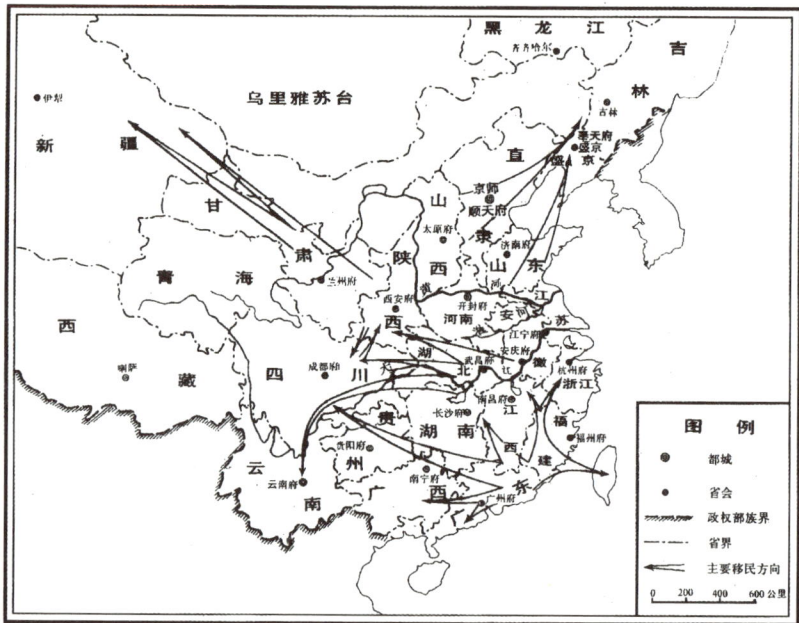

清代前期移民迁徙示意图（资料来源：葛剑雄、曹树基、吴松弟：《简明中国移民史》，福建人民出版社1993年版，第457页）

伊斯兰教之外，又有天主教、基督教等更多地主动传入浙江。明末清初耶稣会士罗明坚（Michele Ruggieri）、金尼阁（Nicolas Trigault）、卫匡国（Martino Martini）等率先到浙江传教。晚清英、美等新教国家的基督教传教士慕稼谷（George Evans Moule）、梅滕更（David Duncan Main）、约翰·林顿·司徒尔（John Linton Stuart）等也来浙江传教。浙江人口又由此增加了多国家、多民族成分。

清代后期旷日持久的太平天国战争导致江南地区人口过量死亡。

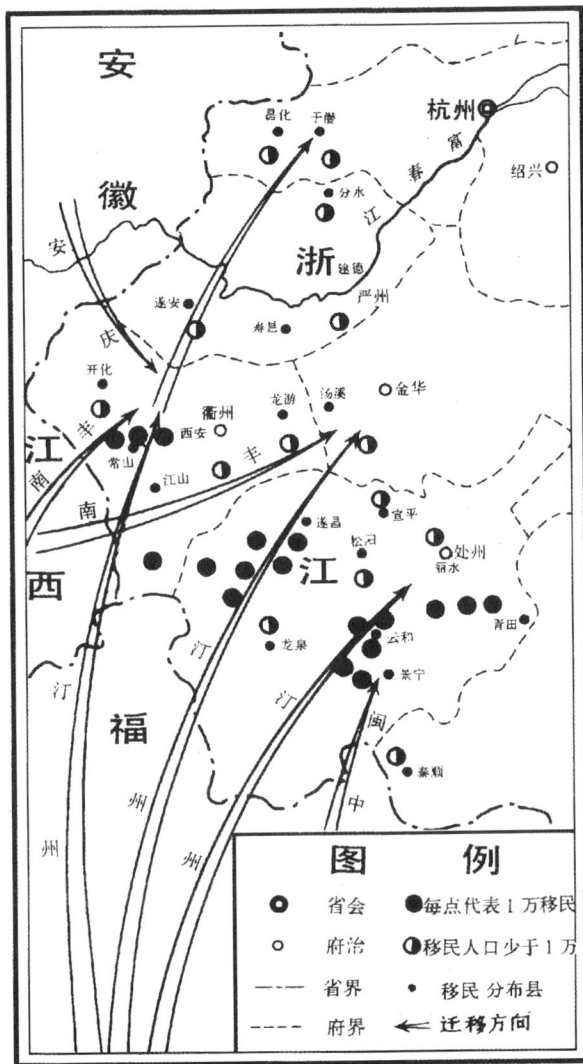

清代前期迁入浙江的移民及其分布示意图（资料来源：葛剑雄、曹树基、吴松弟：《简明中国移民史》，福建人民出版社1993年版，第423页）

曹树基《中国人口史》第五卷《清时期》估计，此前浙江大约有人口3127万，战后仅剩1497万，减损率约为52.1%。绝对减损数与江苏相当，但减损率远高于江苏的36.4%。有人估计杭州约有九成人死亡。战后不少人迁入浙江。来源主要有以下4种：第一种是所谓的"散贼"，即被遣散的太平军。太平军覆灭后，幸存者或被遣散回籍，或被府、县政府拆散安置到荒废地区垦辟荒地。其中遣散于苏、浙、皖3省的不下一二十万。第二种是湘、淮、楚各军中的散兵游勇。湘、淮、楚军虽为挽救清朝立下了汗马功劳，但它们是为了镇压太平军和捻军而临时组建的，不属于正规军。按照清朝的制度和惯例，战事结束后必须解甲归田。第三种是战前到浙江来开荒的"棚民"。棚民脱离了原籍，又未能取得当地户籍。他们在战争期间因避居深山死亡较少，战后在政府"招垦"政策吸引下纷纷走出深山垦田定居。第四种是以垦荒者身份移入的一般农民，也是移入人口中最主要的部分。清政府将战后垦荒作为要政，在府、县设立劝农局、招垦局、招耕局之类机构从事招垦事宜。除招抚逃亡在外者还乡外，还以各种优待措施招引外地劳动力。河南、湖南、湖北、安徽、江西等省的许多农民陆续前来浙江。直到19世纪90年代，浙东还常有穷民迁来。

汉族成为今天世界上的第一大民族是最近几千年的事。金力、褚嘉佑主编的《中华民族遗传多样性研究》一书论及中国的北方汉族、南方汉族、北方少数民族和南方少数民族间的平均遗传距离。这种遗传距离在北方汉族人群间最小，其次是南方汉族人群间，再其次是北方汉族与北方少数民族间、南方汉族与南方少数民族间。北方汉族与南方汉族间的遗传距离明显大于以上距离，南方少数民族与北方少数民族间的遗传距离最大。但今天南方汉族的形成是北方汉族扩张的结果。复旦大学现代人类学研究中心文波、李辉等发表于《自然》的《遗传学证实汉文化的扩散源于人口扩张》一文，通过对汉族群体的Y染色体和线粒体DNA多态性分析证实了这一结论。经典遗传标记和微卫星位点研究显示，南方汉族和北方汉族的地理分界线大致是长江。这两个亚群之间的方言和习俗差异很显著，这看似支持文化传播模式，即北方汉族向南扩张主要是文化传播和同化的结果，然而两个亚群之间有着许多共同的Y染色体和线粒体DNA类型。研究选取的样本来自中国28个地区汉族群体的Y染色体非重组区（NRY）和线粒体DNA遗传多态，这些样本覆盖了中国大部分省份。研究表明，父系方面南方汉族与北方汉族的Y染色体单倍群频率分布非常接近，尤其是具有M122-C突变的单倍群（O3-M122和O3e-M134）普遍存在于汉族群体中（北方汉族在37%~71%之间，平均53.8%；南方汉族在35%~74%之间，平均54.2%）。南方原住民族中普遍出现的单倍群M119-C（O1）和M95-T（O2a）在南方汉族中的频率（3%~42%，平均19%）高于北方汉族（1%~10%，平均5%）。而且，南方原住民族中普遍存在的单倍群O1b-M110、O2a1-M88和O3d-M7在南方汉族中低频存在（平均4%），北方汉族中则未观察到。如果假定起始于2000多年前的汉文化扩散之前南方原住民族的Y类型频率与现在基本一致的话，南方汉族中南方原住民族的成分应该是不多的。分子方差分析（AMOVA）进一步显示北方汉族和南方汉族的Y染色体单倍群频率分布没有显著差异，说明南方汉族在父系方面与北方汉族非常相似。母系方面则北方汉族与南方汉族的线粒体DNA单倍群分布非常不同。一方面，东亚北部的主要单倍群（A，C，D，G，M8a，Y，Z）在北方汉族中的频率（49%~64%，平均55%）比在南方汉族的频率（19%~52%，平均36%）高得多；另一方面，南方原住民族的主要单倍群（B，F，R9a，R9b，N9a）在南方汉族中的频率（36%～72%，平均55%）要比在北方汉族中的频率（18%～42%，平均33%）高得多。线粒体DNA类型的分布在南北汉族之间有极显著差异。虽然南北汉族之间线粒体DNA和Y染色体表征亚群体间遗传分化尺度的Fst值相近，但线粒体DNA的南北差异Fst值占群体间总方差的56%，而Y染色体仅仅占18%。用汉族群体的单倍群频率数据所做的主成分（PC）分析与以上结果相一致。对Y染色体非重组区（NRY）的分析发现，北方汉族与南方原住民族在第二主成分上分离，南方汉族的第二主成分值处于北方汉族和南方原住民族之间，但是更接近于北方汉族（北方汉族0.58±0.01，南方汉族0.46±0.03，南方原住民族–0.32±0.05），这表明南方汉族在父系上与北方汉族相近，受到南方原住民族的影响很小。就线粒体DNA而言，北方汉族和南方原住民族仍然被第二主成分分开，南方汉族也在两者之间但稍微接近南方原住民族（北方汉族0.56±0.02，南方汉族0.09±0.06，南方原住民族–0.23±0.04），表明南方汉族的女性基因库比男性基因库有更多的混合成分。虽然北方汉族对南方汉族的遗传贡献无论父系方面还是母系方面都是可观的，在线粒体DNA分布上也存在地理梯度，但北方汉族对南方汉族的遗传贡献在父系（Y染色体）上远大于母系（线粒体DNA）。也就是说，在汉族与南方原住民族的融合过程中有相对较多的当地女性融入南方汉族中。这也是浙江人的基因特征。浙江人历来富有集成创新的能力，或与他们基因的"集成"性征有关。

建德人与旧石器

　　浙江已发现的最早的人类化石是建德人牙齿化石。1962年10月至1963年6月,浙江省地质局区域地质测量队的黄正维等对浙江石炭纪、二叠纪灰岩区喀斯特地貌调查时，在建德市、衢州市衢江区（原衢县）等地考察了100多个洞穴，发现一个含哺乳动物化石的地点，并对其中的乌龟洞、昴畈村后洞、骆洞、葱洞3号洞4个洞做了发掘。除获得丰富的哺乳类化石外，还在建德市李家镇新桥村乌龟洞发现古人类牙齿化石一枚。但这枚牙齿化石后来遗失。1974年浙江仙居籍的中国科学院古脊椎动物与古人类研究所研究员张森水等人在对浙江古人类化石地点进行调查的过程中又在乌龟洞发现一枚人类牙齿化石和若干动物化石，并将所发现的古人类定名为"建德人"。这枚人类牙齿化石现收藏于浙江自然博物馆，为男性右上犬齿。张森水等根据人牙化石形态及其出土层位和古生物资料，将乌龟洞含人牙化石层的年代定为晚更新世的后一阶段，绝对年代不超过距今5万年。但北京大学考古学系年代学实验室对上层中出土的牛牙所做两个铀系年代测定，年代约为距今10万年。若为距今10万年以上，建德人可能是本地古人或早亚洲人。若为距今5万年以下，则可能是由非洲迁徙而来的晚亚洲人。

在中国已发现近40处晚期智人的化石地点，其中最有代表性的有北京周口店山顶洞人、广西柳江人、四川资阳人等。建德人牙齿化石的发现提供了智人化石在中国分布的新资料，乌龟洞遗址众多种类哺乳动物化石的发现则为研究全球气候变迁、人类早期生存环境提供了重要材料，在考古学上有十分重大的意义。但仅仅依靠它们尚不足以推断当时浙江古人类的生活情态。为了进一步探索古人类在浙江境内的活动踪迹，张森水又把目光扩展至浙北苕溪流域，并且突破化石的局限，主要

建德市建德人遗址

建德市建德人遗址博物馆

注目于石器。张森水指出，建德一带的考古调查已构成一条熟路，而他曾多次去与浙北邻近的安徽省宁国、宣城市一带考察，同样也构成一条熟路。自1987年宁国市英雄岭首次发现旧石器以来，已找到旧石器地点数十处。浙江省安吉、长兴县与那个地区没有地理阻隔，地貌环境也相似，所以发现旧石器的可能性极大。经过十多年调查，发现100多处旧石器文化地点，遍及吴兴、长兴、安吉、德清、临安、浦江、桐庐、建德、龙游、柯城等县（市、区），年代从距今5万年上推至100万年。由此证明钱塘江流域、苕溪流域和天目山区是中国东南沿海地区旧石器文化的发源地。从时空关系来看，钱塘江上游、苕溪中上游流域很早便有晚期智人活动，并且出现了许多定居点或聚落。晚更新世后期，人类活动则向钱塘江和苕溪下游流域移动，至全新世早期发展为新石器聚落，为中国文明的发育发展奠定了基础。

2002年，中国科学院古脊椎动物与古人类研究所和浙江省文物考古研究所在西苕溪流域发现旧石器文化地点31处，采集和发掘旧石器时代石制品333件。安吉县的西苕溪中游二级阶地发现旧石器时代文化地点13处，其中3处中更新世网纹红土层中发现石制品186件。此后又陆续发现大量石制品。较多的是以砾石为坯材的粗大石核，还有砍砸器、石球和少量刮削器。2004年5月26日至6月1日，中国科学院古脊椎动物与古人类研究所、浙江省文物考古研究所和临安市文物馆联合组成的考古调查组在临安市进行旧石器时代文化考古调查，发现大量类似石制品。2004年10月至2005年9月发掘的安吉县溪龙乡溪龙村西的上马坎遗址旧石器分布地点比较密集，不仅在网纹红土层和稀网纹红土层中发现了出自地层的石制品400余件，还在层位较高的晚更新世后期地层（相当于旧石器时代晚期）中找到了石制品，并发现了固定的旧石器制作场所。这说明古人类在此间活动频繁而且延续时间长，应是一处活动复杂、占据时间较长的中心居址。该遗址是浙江境内发现的第一个有确切地层的旧石器遗存点，被誉为"浙江旧石器考古第一点"。长兴县发现旧石器时代文化地点18处，其中有中更新世网纹红土层、晚更新世早期稀网纹紫红色黏土层，发现石制品147件。此后同样有许多新发现。2005年9月至2006年5月，长兴县七里亭遗址发现700多件打制石器。中国科学院地质与地球物理研究所对红土剖面古地磁年代的测定表明，其上、中两个文化层年代距今99万—12.6万年。下文化层年代更久远，至少距今100万年。该遗址被认为是中国东南沿海地区最早的旧石器文化遗存，也是中国旧石器时代早期遗址中为数不多的历史超过100万年的遗址之一。

2007年10月至2010年1月，浙江省文物考古研究所和长兴县博物馆对位于长兴县小浦镇光耀村石头山的合溪洞旧石器时代洞穴遗址进行考

长兴县小浦镇银锭岗遗址出土砍砸器（浙江省文物考古研究所藏）

古发掘，张森水判断其年代早于山顶洞人生活的时期，距今最晚约2.8万年。出土的动物骨骼上清晰保留着人类敲骨取髓、烧烤吃肉、肢解切割的痕迹。出土石制品1000余件，包括石核450余件、石片190余件、断块30余件、刮削器300余件、砍砸器80余件、尖状器30件、石锤数件。4号地点出土的人牙化石保存完整，石化程度较轻，为成年人下颌左侧中门齿或侧门齿，是浙江发现的首颗出自明确地层的晚期智人牙齿化石。2007年5月25日至8月25日在小浦镇光耀村牛头冈以东约100米的银锭岗西坡发现银锭岗遗址，发现石制品300余件。遗址地层可划分成两个大文化层。上文化层共出土石制品295件，包括石核、石片、断块、断片、碎屑、石锤、石砧、石器（石器以刮削器、砍砸器为主）等。银锭岗遗址的工业类型仍属中国南方主工业，但却有相对丰富的燧石质制品和片状毛坯占刮削器毛坯一半的特点。2004年就曾在附近地区采集到大量燧石质石制品，说明燧石质石器的生产和使用在西苕溪流域不是孤例。生产石片的锤击法和砸击法共存是其另一个特点。这两个有别于南方砾石工业传统特征的特点，可能是旧石器晚期西苕溪流域石制品组合的地方特色，也可能是南北文化交流的结果。

2004年中国科学院古脊椎动物与古人类研究所、浙江省文物考古研究所和临安市文物馆于临安市（现杭州市临安区）进行旧石器文化考古调查，先在玲珑街道东山窑场附近的地层中发现一块石英石石器，经考证为古人类准备用于打造石器的原料，至少距今1.2万年。后又在玲珑街道、於潜镇、太湖源镇5个取土工地发现打制石核、石片、砍砸器、石球、刮削器、手镐22件。这些打制石器具有旧石器时代打制石器的典型特征，如在於潜镇昔口村发现的砍砸器有明显的打制加工痕迹以及使用后的磨损痕迹。这批旧石器最近的形成期在距今1.2万年，最悠久的有数万年。太湖源镇杨岭发现的石核受酸性土壤的侵蚀而形成网纹土层特征，年代可达距今10万年。

旧石器时代考古研究表明，中国旧石器工业的基本框架是小型石片石器工业和砾石工业，北、南方主工业二元结构与多种区域性工业类型并存。中华民族多元一体、多元一统向心结构的形成从旧石器时代已经肇始。苕溪流域发现的石制品工业属南方旧石器主工业，其分布西北连安徽、西接江西、西南邻福建、北界江苏，与安徽和江苏的关系尤为密切，表明中国南方旧石器主工业的分布范围比以往所认识的要广。浙江发现的旧石器形体要比北方大1～2倍，这与人类的生产方式有关。北方古人类以动物为主食，石制工具主要用于解剖动物尸体，所以形体较小；而南方植被丰富，古人类在取得植物类食物时要挖、刨、砍，所以石制工具相对较大。安吉县发现的1件残长石片和1件单端刃刮削器则似乎是南方绝无仅有的，后者常见于北方。如果不是南北方文化交流的产物，有可能如湖北省荆州市鸡公山遗址那样存在不同工业类型的文化层。

根据上述考古发现，可以部分还原或再现浙江古人类的生产生活状况：在更新世中、晚期，西苕溪、东苕溪中游古河道附近植物繁茂、食物资源充足，是当时人类获得食物和居住的理想地带。古人类抵御自然灾害的能力很弱，他们以山林为食物采集地，而以靠近山坡的二级河流的河谷阶地为生活聚居地，日出而作，日落而息。清晨制造工具，上午、下午采集（围捕）食物，太阳没有下山就回到洞穴休息。由于当时还没有形成保存工具的概念，除了加工难度较大的工具外，简单一点的都在当天打制。根据加工难易的不同，打制时间在1~2小时不等。有时也会直接使用锋利的石片。由于生产力水平极其低下，需要多人合作才能完成猎食活动。古人类不像现代人那样实行分餐制，而是如动物一样在劳作中时刻进食。

新石器胜地

在新石器时代，钱塘江两岸的文化主体均转向水网平原地区，主要表现为水网平原型文化。杭嘉湖水网平原是浙江省最大的平原，面积约6450平方千米，与东部的上海、北部的苏锡常等平原一起共同构成北抵长江、南达钱塘江，以太湖为中心的环太湖平原。除少数突出的孤立山冈外，杭嘉湖平原绝大多数区域属于典型的水网平原地貌。开阔的地理条件、相对单调和分布不平衡的野生资源使这个地区的群体面临较大的人口压力，倾向于更多地依赖农业生产。而这里平坦的地貌也恰恰适合于稻作，而且还便于人群集结发展劳动密集型经济，刺激人口和聚落快速增长，从而加剧社会复杂化。

位于嘉兴市南湖区城南街道马家浜村的马家浜遗址发掘于1959年，1977年夏鼐将这类文化命名为"马家浜文化"。马家浜文化维系年代较长，绝对年代距今7000—6000年，以大面积稻作农业作为定居生活基础，渔猎、畜牧和采集为其补充。大量使用磨制石斧、石锛、石刀、骨耜、骨镞等生产工具，出现有孔石斧（钺）。马家浜文化分为苏南沿江地区的东山村类型、太湖流域腹地的草鞋山类型和浙北地区的罗家角类型3种类型。罗家角类型比较重要的遗址除马家浜遗址外，还包括嘉兴

桐乡市石门镇罗家角遗址出土白陶豆残片（浙江省文物考古研究所藏）

吴家浜、湖州邱城、桐乡罗家角、杭州吴
家埠等。

崧泽文化是以1957年发掘的上海市青
浦区赵巷镇崧泽村崧泽遗址中层文化为代
表的新石器文化，分布于马家浜文化分布
区。崧泽文化距今6000—5300年，前承马
家浜文化，后启良渚文明，是环太湖流域
新石器文化向高峰发展的一个重要环节。
马家浜文化虽然开始水稻栽培，并驯养
狗、猪和水牛，但渔猎生产还占有相当大
的比重。崧泽文化则以稻作农业为主要生
业，兼营养猪等畜养业，已进入比较完全
的农业社会。崧泽文化也大体可以分为3种
类型，即沿长江地区的徐家湾类型、太湖
东部地区的崧泽类型和太湖东南及南部地
区的南河浜类型，大致与马家浜文化的3种
类型及其地域相对应。南河浜类型包括嘉
兴双桥、南河浜、雀幕桥、大坟，桐乡普
安桥，海盐仙坛庙、王坟、龙潭港，海宁
达泽庙，杭州吴家埠、庙前，湖州邱城、
毗山、塔地，安吉窑墩等遗址。

宁绍平原位于浙江省东北部钱塘江南
岸，西起钱塘江，东、北濒海，南接四明
山、会稽山北麓，面积4824平方千米。地

杭州市萧山区城厢
街道跨湖桥遗址独
木舟遗迹

貌系统包括侵蚀剥蚀丘陵、冲积平原、湖积平原、三角洲平原、海积平原等。东西长南北窄，较窄处仅10千米。其中杭州市的萧山区、滨江区为其西端。宁绍平原总体不规整甚至破碎，被一些低山余脉和入海溪流斜向分隔成相对独立的几小块，地势也不平坦，明显存在两种区域特征，即地域的相对封闭性和资源的相对丰富性。相对封闭的环境较适合狩猎采集群和早期农耕社会以较小和相对隔绝的单位生存，而野生资源相对丰富多样则使土地载能相对较高、人口压力较小，群体之间合作和依赖程度也就相对较弱，发展大规模密集劳力型农耕经济的优越性和必要性不明显，社会凝聚和复杂化的动力相对缺乏。这一带稻作农业发源很早，但丰富的野生资源使其在以后的漫长时期并没有得到强化，反而还显示出一种退化趋势。宁绍平原生产性经济占据主导地位出现的时间可能也不如学界估计的这么早。在宁绍平原发育发展的跨湖桥文化、河

余姚市河姆渡镇河姆渡遗址出土双鸟纹象牙蝶形器（河姆渡遗址博物馆藏）

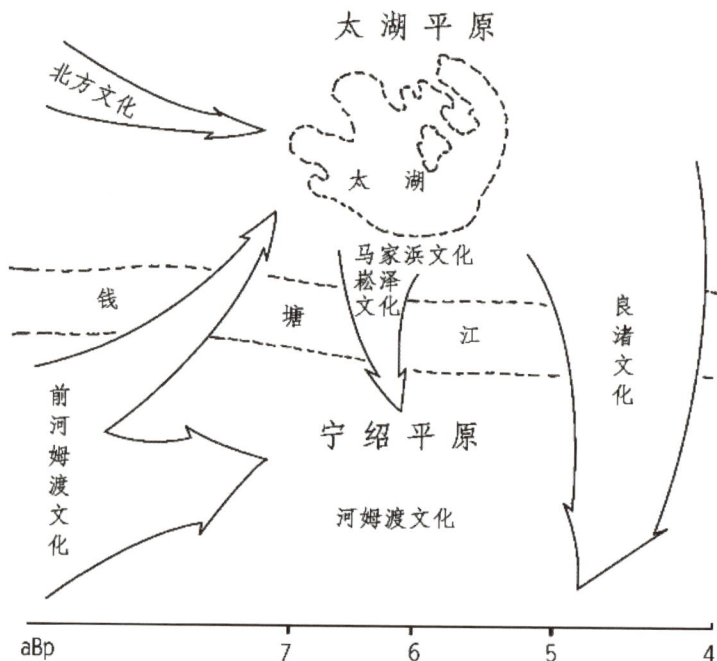

钱塘江南北两系新石器文化交融关系图

姆渡文化具有明显的地域特征，但前后缺乏连续性，其中跨湖桥文化较早衰落中断。

跨湖桥文化是杭州早期南系新石器文化的典型代表，也是杭州发现的最早的新石器文化，年代距今8000—7000年。其中跨湖桥遗址经历1990年、2001年和2002年3次考古发掘，出土大量陶器、石器、木（竹）器、骨角器，发现灰坑、黄土台、残存墙体等建筑遗迹，尤其是发现了独木舟及相关木作加工遗迹。下孙遗址于2003—2004年发掘，发现红烧土、石头遗迹、灰坑及柱洞等遗迹。2001年、2004年、2005—2006年3次发掘的浦阳江上游浙江省浦江县上山遗址第三、四文化层发现跨湖桥文化层（同时发现河姆渡—马家浜文化遗存），2005年发掘的曹娥江上游嵊州市小黄山遗址从早到晚3个阶段的文化因素分别相似于上山文化、跨湖桥文化和河姆渡文化。2010年发掘的衢江—灵山江流域龙游县龙洲街道寺后村青碓遗址上层以及2013年发掘的湖镇马报桥村荷花山遗址西区，2012年发掘的永康江流域永康市东城街道长城村长城里遗址、江南街道湖西村湖西遗址，义乌江流域义乌市城西街道桥头村桥头遗址，颇多跨湖桥文化特征。20世纪80年代发现的灵江上游仙居县横溪镇下汤村下汤遗址采集品也有跨湖桥文化特征。上述遗址除下汤遗址外均位于浙西中的钱塘江流域。而下汤遗址所在的灵江上游与属于钱塘江流域的东阳江上游仅隔分水岭，靠近钱塘江流域。跨湖桥文化与上山文化有承继关系。

河姆渡遗址位于浙江省宁波市域的余姚市河姆渡镇河姆渡村，南隔姚江邻四明山北麓。夏鼐最初将河姆渡遗址第三、四文化层命名为河姆渡文化，地域限于姚江流域附近。另一种观点则将河姆渡遗址第一至四文化层都归为河姆渡文化，分布范围包括整个宁绍、舟山地区，甚至囊括整个浙南地区。河姆渡文化由此被分为早（河姆渡遗址第三、四文化层）、晚（河姆渡遗址第一、二文化层）两期，但早、晚两期之间衔接不紧密，似有着某种缺环。这或也可以说明河姆渡文化早、晚两期既有连续性又有发展上的阶段性。早期的年代距今7000—5900年，晚期年代距今5800—5200年。2003—2013年发掘的位于余姚市三七市镇相番村的田螺山遗址，是一个埋藏于地下1米深处的完整古村落遗址，面积约3万平方米，时间跨度在1500年以上。田螺山遗址第八层出土物两个^{14}C

测定值均在距今8000—7500年，这在一定程度上支持了河姆渡文化早期与跨湖桥文化平行发展的观点。但根据这种推测，河姆渡文化应该分为早、中、晚3期，与跨湖桥文化并行的为早期。

钱塘江南北两系新石器文化呈现出大体一致的阶段性，都可以划分为早、中、晚3期。文化面貌在各阶段发生变异与气候环境变化相关，也与两地间的文化互动有关。文化内涵显示，两地文化经历了"相似—趋异—渗透—趋同"的发展轨迹。

早期为南系的上山文化、河姆渡文化早期（田螺山遗址）、跨湖桥文化期和北系的前马家浜文化期。上山文化、跨湖桥文化大致以距今9000年为界前后衔接。前马家浜文化未发现系统的遗址群，文化面貌和文化来源尚不清楚。上山文化与跨湖桥文化相关联。上山文化是目前发现的长江下游流域最早的新石器文化。上山遗址位于跨湖桥遗址南约100千米的浙江省金华市浦江县黄宅镇渠南村，2001年、2004进行了两次发掘，出土的早期器物有明显的由旧石器向新石器过渡的特征。出土的以敞口盆为典型器的夹炭红衣陶器群和以石片及石磨盘、石磨棒、石球等砾石器为特征的石质工具，不同于长江下游地区以往发现的其他新石器文化，代表了一种更为原始的农业萌芽期的新石器文化类型。尤其值得注意的是，陶片坯土中普遍含有颖壳，几乎达到100%，说明当时使用的稻谷数量很多。稻谷小穗轴有两种类型：一种是与现代野生稻相似的野生稻类型，另一种是与现代粳稻相似的栽培类型。陶片中还有1颗较为完整的来自栽培稻的稻谷印痕，长7.73毫米，宽2.86毫米，长宽比约为2.7∶1，比现在长江下游普遍栽培的稻米要大得多，可能是热带粳稻或旱稻。陶片中所见颖壳形态也是比较完整的，反映出当时可能已掌握了一套干燥、脱粒、加工技术。跨湖桥文化和河姆渡文化水稻可能受上山文化古稻传播的影响。上山遗址陶器器形比华南地区其他遗址更丰富，但总体上比较单调，与跨湖桥遗址陶器差别较大，不过夹炭陶却具有共性。另外，以成排柱洞为特征的木构建筑形式与河姆渡文化似有继承关系。这种建筑形式到河姆渡文化时期发展到高峰。上山遗址具有旷野特征，小黄山遗址与上山遗址特征相近。两遗址都位于向杭州湾汇聚的两条河流的上游河谷地带，是浙西南山区向浙东北平原过渡地带的新石器文化类型，为研究中国早期定居生活方式提供了十分独特的例证。2009年底至2010年初，金华市婺城区罗埠镇山下周新村北面发现山下周遗址，年代距今9000年，相当于上山文化晚期。出土数百件陶器、石器等器物。在1.4米深的探沟中分布有4个文化层，其中第三层发现红衣夹炭陶残片，第四文化层发现石磨棒、穿孔器、大口陶盆、平底陶盘残片等器物，它们与上山遗址、小黄山遗址器物有较多共同点。其中平底陶盘接近上山文化晚期，而器形有所区别。穿孔器直径仅5厘米左右，较为少见。大口陶盆十分独特，有别于其他文化器形。山下周遗址第二层还发现相当于良渚文明阶段的遗存。婺城区汤溪镇下伊村北面台地、山下周遗址西侧约1000米处又发现青阳山遗址，包含商周时期、钱山漾文化时期、上山文化时期3个阶段的遗存，以钱山漾文化遗存为主。跨湖桥文化与河姆渡文化和马家浜文化的早期遗存在一些主要特征上表现出明显的共性，例如夹炭陶、炊器上的绳纹装饰、陶釜与支座的配合使用、无三足器、骨耜、木质榫卯构件、稻谷遗存等。其中形制自成一体的釜、数量众多的圈足器、富有特色的彩陶和黑光陶等则体现出跨湖桥文化的鲜明个性。跨湖桥文化分布向东至少到达曹娥江流域，而河姆渡早期文化分布则向西推进到了浦阳江流域，两者互有交叠。夹炭陶和绳纹装饰在南方地区分布较广，但在宁绍地区延续时间长，是一种较稳定的文化传统。釜与釜支座的共同使用和双耳罐、敛口盆等器形近似，骨耜、骨哨、骨匕、骨镞、木槌、木锛柄等骨木器的类似，相同的以榫卯结构为核心的木构建筑技术，成熟的耜耕农业和丰富的渔猎经济、家猪的驯养、橡子坑代表的采集业、水上交通工具的使用等，是跨湖桥文化和河姆渡文化十分显著的特征。跨湖桥文化与马家浜文化早期分布区邻近。马家浜文化以桐乡市罗家角遗址为代表。罗家角遗址第四文化层的河姆渡文化因素很明显。之所以将其归入马家浜文化，并视为马家浜文化的源头，可能考虑了分区因素，存在将钱塘江南北割裂的认识倾向。而事实上罗家角遗址早期遗存更多地反映了南系文化因素。因此跨湖桥遗址与罗家角遗址的比较是与河姆渡遗址比较的一种延伸。跨湖桥遗址出土骨耜的插装安柄方法同于罗家角遗址出土物的方法。虽然外红内黑的陶器特征在河姆渡文化中同样存在，但这种特征在学术上最早是作为马家浜文化的陶器特征来总结的。在跨湖桥遗址中，这种外红内黑的陶器有更普遍的发现，如豆、钵、盆、盘等。虽然陶质有别（河姆渡文化、马家浜文化多为泥质陶），但文化的共性还是值得关注的。马家浜文化中的另一种因素以腰沿釜及炊器的非绳纹特征为代表，这一特征后来成为马家浜文化的主流因素，可称为北方因素。这方面跨湖桥文化与之缺少联系，表明跨湖桥文化是比河姆渡文化更为纯粹的南系文化。如果将跨湖桥文化、河姆渡早期文化和马家浜早期文化视为3个年代上存在交叠的文化，那么三者彼此之间应该存在形制相似的若干种陶器的交集。虽然这种交集事实上仅存在于河姆渡文化早期与马家浜文化早期之间，但跨湖桥文化与马家浜早期文化以及河姆渡早期文化之间的共通特征主要表现为文化基因的密切关系，而非个别细枝末节的相似。跨湖桥文化包含着河姆渡文化早期和马家浜文化早期几乎所有基本元素。跨湖桥文化可能处在杭州湾地区新石器文化发展进程的十字路口，其文化元素在宁绍平原和杭嘉湖平原不同的重组和衍变中最终走向分裂。马家浜文化和河姆渡文化在纵向关系上是同根同源的，后来衍化为两个文化系统。但两者诸如夹炭绳纹有脊釜一类个别器物形制的近似，说明还有横向交流作用力的渗入。

中期可分两个阶段。第一阶段为南系河姆渡文化中期（河姆渡遗址第三、四文化层）和北系马家浜文化早中期。河姆渡遗址第三、四文化层与罗家角遗址的埋藏环境相似，文化遗存相当完整。河姆渡文化这时的经济形态是以栽培水稻为主的湿地农业系统，当时已饲养猪、狗、水牛等家畜，采集和狩猎在经济生活中仍占相当大的比重，是张光直所说的"富裕的食物采集文化"。罗家角遗址既出土了相当数量的籼稻和粳稻，也发现了丰富的动植物遗存，出土骨骼重达1000千克以上。河姆渡文化已普遍使用带榫卯结构的干栏式木构建筑，罗家角遗址也发现相当数量的木构件。尽管有人推测已是地面建筑，但营建水平总体上与河姆渡文化中期相当。河姆渡文化中期使用相当多骨角农具。其中骨耜是最基本和最有特征的，在第三文化层出土170余件。石器数量和种类都较少，加工方法较原始。器形仅斧、锛和凿3类，一般仅在刃部加磨，可能用于木作。砺石相当多，可能与骨器加工有关。木器很有特色，主要种类有木桨、木铲、木胎漆碗等。陶系以夹炭黑陶为主，夹砂黑陶不多。器形主要有釜、罐、盆、盘、钵、釜支架，还有带管状嘴的盉形器、豆等。其中最具特征、最有代表性的是釜，它们的数量也最多。主要器形有有肩有脊的敛口釜和敞口釜，肩脊为其显著特征。纹饰以绳纹和刻画纹为主，其中釜自早而晚始终以绳纹为主。刻画纹有几何形和动植物形两种。罗家角遗址发现的骨质农具虽与河姆渡文化有较大差异，但也显发达。主要器形是麋鹿角制的器柄和梅花鹿角制作的勾勒器，也有少量骨耜。石器发现不多，主要有斧刀之类。但从第三文化层开始数量明显增多，种类有斧、锛、刀、凿等，大多磨制光滑。砺石的数量也不少。第二文化层出现对钻的穿孔石斧，磨制较精。从上述情况看，马家浜文化早期与河姆渡文化中期的发展水平是大体相当的。罗家角遗址陶器以夹砂灰红陶为主，但与河姆渡文化中期一样存在夹炭陶，这与两者均存在丰富的稻谷、稻秆和叶等有机质有关，同时也说明两者制陶工艺水平方面的同步性。主要器形是釜、罐、盆、钵、盉等，也以釜为多。釜可分为带脊釜、筒腹腰沿釜和弧腹腰沿釜3种。纹饰主要有米点纹、斜线纹、弦纹、三叶纹、网纹和戳印圆圈纹等。筒腹腰沿釜在浙北苏南的马家浜文化诸遗址中都有发现，是马家浜文化陶釜的基本形和典型器。弧腹腰沿釜则较多见于罗家角遗址，其他遗址少见，是罗家角遗址最具特征的代表性器物。带脊釜也仅见于罗家角遗址，主要出自第四文化层，第三文化层明显减少，第二、一文化层已是孑遗。从形态上看，各层肩脊釜的形态基本相同，难觅其演变发展的轨迹。相反，河姆渡遗址的带肩脊釜的发展脉络十分清楚，即由肩脊明显到不明显再发展成暗脊。或许说明带脊釜不是马家浜文化的固有因素。但带脊釜在两支文化早期都是主要器形，器形特征十分相似，又说明它们之间很早就可能存在比较密切的交往。河姆渡遗址第四文化层出土的罐形带嘴器可能与马家浜文化常见的平底盉有某种联系，这种罐形带嘴器是目前所见的平底盉的最早形态。总体上看，时间越早，两种文化的陶器相似程度越高，表明南北两岸的文化具有共祖性。第二阶段为南系河姆渡文化晚期和北系马家浜文化晚期、崧泽文化期。这一时期骨器、木器、建筑物等易腐器物很少发现，主要遗物是陶器和石器。木器为河姆渡文化晚期的重要生产工具，除木耜外还有木桨、木杵、木槌、点种棒和木锛柄等。河姆渡遗址第二文化层还发现了木构水井。慈湖遗址下层出土木轭，但其体式远较现在的牛轭小，用何种畜力牵引尚需探讨。石器的数量明显增多，制作规整，通体磨光。河姆渡遗址第一文化层出现穿孔石斧。湖州邱城遗址中层和松江汤庙村遗址崧泽文化层发现石质三角形犁形器，草鞋山遗址还发现加工粮食的陶杵。如果木轭和石质三角形犁形器能证明当时已开始犁耕的话，说明耕作技术在这时已有了飞跃。河姆渡遗址第二文化层骨耜已趋消失，并被木耜取代。陶器则第二与第三文化层有相当大的差别，夹炭陶虽继续存在，但数量已明显减少，夹砂灰红陶数量已占多数，红色陶衣为显著特征。器形有多角沿釜、敞口翻沿釜、钵形釜、束腰釜、釜形鼎、袋足盉（异形鬶）、垂囊盉、平底盉、带把三足盉、喇叭豆、牛鼻耳罐、折腹圈足盆、猪嘴形釜支座等，并发现腰沿釜，肩脊釜消失。釜仍然是主要炊器，以敞口折沿或翻沿沿面内弧凹的釜为典型。新出现的釜则可分为3种类型。第一类是河姆渡文化原创的典型器，如多角沿釜、敞口翻沿釜等。第二类如钵形釜、束腰釜等有河姆渡文化和马家浜文化双重因素。钵形釜筒腹造型与马家浜文化筒腹腰沿釜相似，釜身上的绳纹和脊则袭河姆渡文化传统。束腰釜与马家浜文化筒腹腰沿釜相类似，只是仍然保留河姆渡文化肩脊遗风。第三类则是马家浜文化、崧泽文化作风，如第二文化层水井出土的腰沿釜。崧泽文化与马家浜文化有继承发展关系，如圜底器、平底器、圈足器等相类似，但圈足器明显增多。陶器主要组合变为鼎、豆、罐、壶。鼎逐渐取代了釜，形制主要有釜形鼎和盆形鼎。河姆渡文化鼎的数量开始增加。与余姚市相邻的宁波市奉化区西坞街道名山后遗址出土鼎的造型与马家浜文化或崧泽文化鼎相类似。第二文化层出现的袋足盉也是由马家浜文

以马桥文化为主的杭州市余杭区径山镇小古城遗址

化或崧泽文化三实足盉移植而来的。河姆渡遗址第二文化层出现栽柱式地面建筑，柱洞垫木板或红烧土块、黏土和碎陶片作基础。马家浜遗址上层和邱城遗址下层建筑也是先挖洞后垫板再立柱。河姆渡遗址第一文化层的葬式与崧泽文化一样，为仰身直肢葬。对比上述南北两系文化的特征，可以看到，它们之间存在文化交流，但相对于早期来说差异增大。

晚期也主要可分为两个阶段，即良渚文明和马桥文化时期。良渚文明使北系文化进入发展高峰，其典型特征是大型犁耕农业、干栏居式、精致化的玉器体系、精致化的鼎、豆、壶（罐）黑陶体系、精细化的石器体系以及仰身直肢葬式等。琮、钺、璧、璜等玉器大量出现。陶

小古城遗址出土印纹陶罐

器以砂质黑陶、泥质灰胎黑皮陶为多，鱼鳍足鼎、T字足盆形鼎、圈足镂空豆、竹节把豆、贯耳壶、球腹罐、大圈足盘等为代表器物。石器有有段石锛、石钺、穿孔石刀、石镰、石凿、石镞等。宁波市江北区慈湖遗址上文化层、奉化区名山后遗址第二至七文化层以及萧山区的后河姆渡文化遗址均基本呈现为良渚文明面貌。1991年距上山遗址不足300米约2000平方米的塘山北遗址发现良渚文明中期古墓44座。其墓向、葬具、葬俗、随葬品组合上具有共同特征，当为氏族公共墓地。出土近200件鼎、豆、罐、釜、甑、壶等陶器。这些情况说明南系文化已完全被北系文化取代。马桥文化时期的境况与之也完全相同。

第二篇

钱塘江物语

第一古都

良渚古国与中国文明发源

吴越国偏安

南宋都会

良渚古国与中国文明发源

　　与苏美尔文明、埃及文明、印度文明、印第安文明一样，中国文明是世界上最早发生而且独立存在的原生文明之一，但有关其起源仍众说纷纭。有发轫于黄帝说、开始于仰韶文化说、发源于大汶口文化说、起源于红山文化说、诞生于龙山文化说、形成于二里头文化晚期说等。有关中国文明起源的时空问题一直是中国学术的热点。经过近1个世纪的考古发掘，特别是近几十年许多重要遗址、遗存的发现，如早期城市遗址，贫富悬殊的墓葬，用于祭祀的坛、庙、冢、礼乐重器等，再加上考古学文化谱系和聚落形态研究，这方面的认识在不断加深。而这其中良渚古城遗址和良渚文明的重要性一再突显。中国考古学界正在达成一种共识：位于杭州市余杭区的良渚古城遗址是实证中国5000年文明史规模最大、水平最高的大遗址。距今5000年前环太湖流域良渚文明分布区形成了早期国家，良渚古城是其首都，代表了中国文明起源阶段的最高发展水平，可谓中国5000年文明史第一证据。中国有十大古都，良渚古城是最早的古都，堪称中国第一古都。2017年12月在中国举行的第三届世界考古论坛上，国际考古学权威英国皇家科学院院士、剑桥大学教授科林·伦福儒（Colin Renfrew）在上海博物馆做了题为《两个图符的故

良渚遗址反山12号墓出土大玉琮及其神徽纹饰
（浙江省博物馆藏）

良渚古城遗址示意图

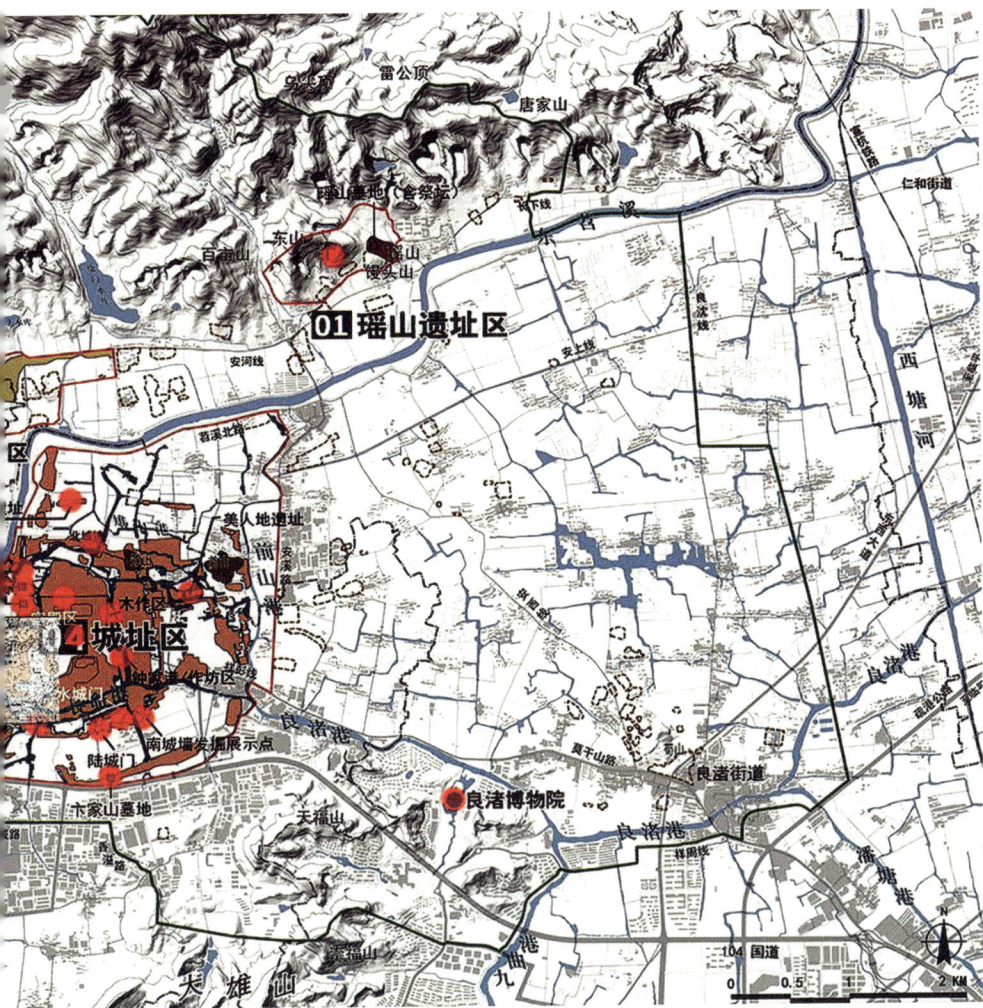

雷公顶

唐家山

瑶山墓地(含祭坛)

东山

瑶山
馒头山

百亩山

01 瑶山遗址区

安河线

安上线

苕溪北路

美人地遗址

4 城址区

木作区

玉器作坊区

水城门

陆城门

南城墙发掘展示点

卞家山墓地

天福山

良渚港

黄干山路

荀山

良渚街道

良渚博物院

良渚港

西塘河

良沈线

仁和街道

良渚港

大雄山

104 国道

0   0.5   1   2 KM

N

良渚国家遗址公园

事：史前社会复杂化的不同途径》的学术报告，确认良渚古城遗址所代表的良渚文明已经进入文明社会。他说同时期中国可能不止良渚古国一个国家社会，但良渚古国无疑是最耀眼和最突出的。良渚文明玉器上的神徽可以视为良渚古国的标志符号。

良渚文明发源于中国长江下游环太湖流域，已探明的分布面约在3.65万平方公里，确认的遗址有600多处。主要位于浙江、江苏、上海境内，北近山东，东达海域，南近福建，西线伸向安徽、江西，尚不明界限。中心遗址良渚古城遗址位于杭州市余杭区良渚街道、瓶窑镇和德清县下渚湖街道境内面积约800平方千米的C形盆地北部，距杭州市中心最近距离约16千米，距西湖约17千米。应保护范围约55平方千米，连同建设控制地带约100千米，古城范围约200平方千米，已发现遗址点300多处，含良渚文明各种遗址，年代主要为良渚文明中期鼎盛期。何天行于民国二十四年（1935）五月最早发现良渚遗址，并于民国二十六年（1937）四月出版中国最早的考古报告之一《杭县良渚之石器与黑陶》。20世纪50年代环太湖流域良渚文明遗址被大量发现，他们的推论得到完全确认。1959年夏鼐将这一文化定名为"良渚文明"。至20世纪70年代特别是80年代中期以后，浙江、江苏、上海等地先后发现许多规模较大的遗址，良渚古城遗址更是一再发现各种类型的遗存，良渚文明在学界的地位不断提高，产生了世界级影响。

良渚古城遗址南北分别峙立大遮山和大雄山，西部散布着低矮丘陵，东部则是敞开的平原，东苕溪自西南向东北流过。主体结构分为约0.3平方千米的莫角山宫城、约3平方千米的皇城和约8平方千米的外郭城3重结构。莫角山宫城位于古城中部古尚顶。古尚顶为人工营建的长方形土台，台基东西长约630米、南北宽约450米，堆筑层厚度东部10—12米、西部2—6米。上部分布有大莫角山、小莫角山、乌龟山3个小型土台，为主要的宫殿基址。皇城东西长约1770米、南北宽约1910米，略呈圆角长方形，正南北方向。外廓城墙底部普遍铺垫石块作为基础，上为较纯的黄土堆筑。除南城墙无外城河外其余3面城墙均有内外城河。四面城墙各有2个水门，南面城墙还有1个旱门。除上述城河外城内还发现51条古河道，据此似可判断古城为以水路交通为主的水城。古城外围东南西北断续分布里山—郑村—高村、卞家山—东杨家村—西杨家村、杜山—文家山、扁担山—和尚地等人工堆筑成的长条形高地，宽30—60米，高1—3米。在美国科洛纳（Corona）卫星1969年11月拍摄的卫星照片中这些外围结构还比较清晰。古城外围为大型祭坛墓葬复合遗址、规模超大的水利设施和近郊区，整体构成超过200平方千米的城市系统。另外，在良渚古城遗址东北约30千米处还分布有茅山、玉架山等遗址构成的临平遗址群，与良渚古城形成某种聚落互构关系。从性质、功能来区分，良渚古城遗址基本可分为台城宫殿群遗址、祭坛墓葬复合遗址、墓葬遗址、手工业作坊遗址、村落遗址、水利工程遗址、原始生态和农耕区遗址8类。

良渚古城遗址周边的水利工程遗址是由11条高、低水坝组成的水坝群，基本修筑于两山之间的谷口部位，是良渚古城的重要组成部分，总土方量达到260万立方米。其中塘山水坝遗址1996—2002年4次发掘。2009年至2016年发现老虎岭、鲤鱼山、狮子山、梧桐弄、冈公岭、周家畈、秋坞、蜜蜂弄水坝，浙江省文物考古研究所与山东大学、南京大学联合对坝体和库区进行勘探调查。从蜜蜂弄水坝西端到塘山水坝东端距离约11千米，从最北端的石坞水坝到最南端的梧桐弄水坝距离约5.5千米，从良渚古城中心到最远的蜜蜂弄水坝直线距离约10千米。这些水坝的形态分为沿山前分布的长堤和连接两山或高丘的短坝两类。其中短坝又可分为建于山谷谷口的高坝和连接平原孤丘的低坝两种。据中村慎一研究，仅营建莫角山大型建筑基址，至少需要1000人干上10年。整个良渚古城遗址曾有的建设工程量不可估量。如此巨大的工程量，即使是陆续完成的，延续了很长时间，也需要超乎寻常的设计规划能力、动员组织能力、调度管理能力、后勤保障能力等。如果再考虑大量集中出现的精美玉器、石器、漆器、陶器、木器等奢侈品制作所耗费的人力物力，

所体现出来的社会组织化程度、管理能力和资源的集中程度，那么良渚古城遗址已大大超过史前部落社会能够拥有的能量，而应当是高度组织化的文明社会系统的作为。

从社会级差关系来看，整个良渚文明分布区则构成以良渚古城为中心的聚落级差序列，次一级的形成区域中心，有的只处于从属和次等地位。区域中心如赵陵山、福泉山、寺墩、高城墩等，次等的如小古城、青墩、荷叶地等。良渚文明金字塔形社会等级结构在墓葬中表现得尤为突出。良渚文明墓葬有不同的规模，贵族墓与平民墓各居其所，制式规格有界限分明、悬殊极大的差异。这些墓葬厚薄不等，贵族墓葬如反山、瑶山、汇观山、文家山、张陵山、草鞋山、寺墩、高城墩、福泉山、吴家场等大墓，往往与小墓不相为伍，而葬于人工堆筑的土台上，有的与祭坛合为一体，并使用棺、椁，伴以玉钺、琮、璧以及牙雕这类重器随葬。平民墓葬如上海马桥遗址常见的小墓，有的无随葬品，有的仅随葬一些日常使用的陶器、石制工具和饰件。最典型的地带在良渚古城遗址。此地不仅有大量聚集的小墓与少量贵族墓相对比，反山、瑶山、汇观山、文家山等位尊者墓葬也有级差。依照随葬玉器的器形、数量、体量及质料方面的差异，良渚文明墓葬至少能够划分出5个不同的等级。玉器组合在这些不同等级的墓葬中表现得井然有序。平民墓葬出土玉器的比例很高，是良渚文明用玉制度的一大特色，充分体现出良渚文明社会普遍崇尚玉器的倾向。但与这种用玉的普遍性相对应的，则是非常严格的用玉等级制度。平民墓葬只有锥形器、坠、管、珠等小件玉器，与贵族墓葬出土的玉器在种类、数量、体量、组合关系等方面均截然有别。其中琮、璧、钺这3类玉器与琢刻纹饰的大件玉器，为贵族墓葬专有，不仅成为良渚文明时期贵族阶层特定身份地位的指示物，而且还是良渚文明墓葬等级划分中区分贵族与平民阶层的标尺。反山、瑶山遗址出土的"琮王"、"钺王"、"璧王"、梳背、三叉形器等玉器上特别强化的神徽、鸟纹之精细，以及玉器制作工艺之精湛，为一般墓葬出土物所远不及。从随葬数量看，反山11座墓仅玉器就有1000多件，而海宁荷叶地遗址16座墓葬出土各类随葬品总共才200多件，制作也较粗糙。据对反山、瑶山、福泉山、荷叶地等墓葬出土的玉器鉴定比较，反山、瑶山几乎全为真玉，福泉山少了一个数量级，质量也逊色，真玉居多而杂有假玉。甚至大件的琮、璧也有假玉的。荷叶地则更少，大约真假参半，多数仅几件，还以管、珠等小件居多。这与后来的礼制记载相合。《周礼·冬官考工记下》载："天子用全，上公用龙，侯用瓒，伯用将。"《说文解字》释"瓒"："瓒，三玉二石也。从玉，赞声；《礼》：'天子用全，纯玉也；上公用駹，四玉一石；侯用瓒；伯用埒，玉石半相埒也。'"此为周代之制。汉代似仍存有此制，如南越王之玉衣即杂有假玉。未知能否将良渚文明判为"天子用全""名物度数"制式之渊源。从环太湖流域庞大而相对统一的聚落体系以及良渚古城特别的规模建制来看，良渚文明已形成强制性的公共权力机构和体系。如果没有这种公共权力体系，环太湖流域良渚文明的发展就不可能形成如此统一的规制，这种规制更不可能在长历史时段延续或继承。良渚古城也就没有构筑的经济基础。当时的聚落布局是以公共权力重心为中心的。良渚古城为最高权力中心，赵陵山、福泉山、寺墩、高城墩等聚落为次一级权力中心。良渚古城是整个古国系统的首都，统领环太湖流域所有的地方聚落。当时已形成分层管理的中国最早的国家形态和社会体系。

良渚文明玉器集中反映了玉礼巫政制度。瑶山、汇观山、福泉山、寺墩等祭坛墓葬遗址既是显贵者的墓地，又是聚落礼仪中心。这些遗址规模浩大，比如瑶山祭坛占地面积约7.5公顷，汇观山祭坛约2.2公顷。祭坛上有不同的分割面，埋有系列显贵者墓葬。这些墓葬随葬物特别多、规格也特别高。瑶山13座墓葬出土器物1000余件（组），汇观山4座墓葬出土器物250余件（组），而且都是重器。从祭坛、墓葬所处位置和出土器物纹饰来判断，其与天、地、人祭有关。琮和璧是良渚文明玉器乃至整个良渚文明的代表。《周礼》有"黄琮礼地""苍璧礼天"之说。东汉郑玄注："璧圆像天，琮八方像地。"战国时楚国诗人宋玉《大言赋》称："方地为舆，圆天为盖。"有人据琮外方内圆断其为接地通天之法器，标示远古人类即有天圆地方之概念。也有人认为琮是神灵降临所居的小屋，或是《尚书·舜典》所指之"璇玑玉衡"即天象观测器，也或是女阴或男根女阴"密合"之象征。璧的功用有两种解释。一种如《周礼》所说，认为是礼天之器。瑶山遗址发现的刻符大玉璧，直径达26.2厘米，正面中孔下方刻一三层台阶的方框，方框内刻有展翅飞鸟纹饰。传世良渚文明大玉璧刻符的主题大多是鸟与太阳，可见璧与"天"确实有关。另一种认为是财富的象征，大约据后世圆形铜钱附会，未足凭信。最早的钺可能是石斧，后来演为复合兵器和具有象征意义的玉钺，作为部落酋长、军事首领的权杖。商、周时代的青铜钺仍为王权的象征，甲骨文、金文中的"王"字即为斧钺之形。《史记·殷本纪》有"汤自把钺"之说，《尚书·牧誓》也有"（武）王左杖黄钺"的记载。反山12号墓饰有神徽的1套玉钺被称为"钺王"。寺墩3号墓发现由凸弧形钺、僧帽形冠饰和凸字形端饰三件玉器配为一组的玉钺套件，全长68厘米，其柄虽已朽腐，但现场仍可看出木柄涂朱，并镶嵌20多粒正面弧凸、背面平齐的长方形小玉片。这种钺、冠饰、端饰组合件共在反山、瑶山、福泉山等遗址发现10多套，均置于墓主一侧，多数在左方。掌握重玉器的显贵者控制天、地、人三祭，也规定社会等级，并以相应的玉礼巫政制度加以制约。

良渚文明是一种集大成的文化，它对环太湖流域新石器文化进行了全面吸收和综合。马家浜文化、崧泽文化是其直接的发源基础。近年的考古发现又不断揭示跨湖桥文化、河姆渡文化对其影响的事实。良渚文明也与属龙山文化体系的中国西部其他考古学文化相互关联。良渚文明之后的马桥文化、好川文化、湖熟文化等是良渚文明的余末，而马桥文化、好川文化、湖熟文化等又是越文化、吴文化的渊源。良渚文明也是夏、商、周三代文明的重要渊源。良渚文明与整个环太平洋地区的其他文化、文明类型，如印第安文明，有着相似性，并且也是其中的杰出范例，于世界文明起源研究不可或缺。

吴越国偏安

　　五代十国是"安史之乱"后藩镇割据的延续和扩大，同时也是中国由分裂走向统一的过渡阶段。前蜀、后蜀、吴、南唐、吴越、闽、楚、南汉、南平（荆南）、北汉十国中除北汉外的九国在南方，于变乱中较少受中原干戈影响，政局较北方后梁、后唐、后晋、后汉和后周五代稳定，政权维持的时间也远比五代为长。最短的前蜀也有34年，是后梁的两倍；最长的吴越国则达85年。吴越国等还增强了地方的统一性，促进了地方各项事业发展。不仅繁荣了局部地区，而且为宋朝统一全国奠定了基础。

　　吴越国的创建者钱镠（852—932），字具美，临安人。出身于石镜镇临水里（后改名广义乡勋贵里）一个破落贵族家庭。钱镠7岁修文，曾"志攻学术"，16岁贩盐谋生，17岁习武，20岁习弩，21岁从军，22岁习剑戟。喜读《春秋》，兼治《孙子兵法》《武经》诸书，通诗文书画。唐乾符二年（875）浙西狼山（今江苏南通南）镇遏使王郢举兵反唐，僖宗敕本道征兵讨伐。时石镜镇将董昌以捍卫乡里为名募集土团，召钱镠为偏将。钱镠随之参与镇压朱直、孙端和黄巢起义。战后董昌"徙镇越州，自称知浙东军府事，以钱镠知杭州事"。光启三年

清王元勋摹唐本钱镠像（常熟博物馆藏）

（887）唐朝授董昌为浙东观察使，钱镠为杭州刺史、杭越管内都指挥使。景福元年（892）钱镠联合杨行密击败孙儒，唐朝封杨行密为淮南节度使、同平章事，次年封钱镠为镇海军节度使、浙江西道观察处置使、润州刺史，乾宁二年（895）又晋封为开国公。不久董昌在越州称帝，国号大越罗平，建元顺天。并移书钱镠，委之为两浙都指挥使。钱镠回书劝谏，董昌不听。又将兵3万至越州城下兵谏，董昌接受劝告，给钱200万缗与钱镠犒军，又执送首谋吴瑶及巫觋数人，并表示以"待罪"之身听由朝廷处置。朝廷以董昌有贡输之勤，诏释其罪，纵归田里。钱镠本有并吞董昌之心，乃上表称董昌僭逆，请以本道兵讨贼。诏削董昌官爵，以钱镠为浙东招讨使征讨。乾宁三年钱镠被任命为镇海、威胜（次年改为镇东）两军节度使，次年又受封浙江东、西道观察处置使，杭州、越州刺史，上柱国，彭城郡王（一说吴王）。光化三年（900）受封南康王，次年受封彭城王。天复二年（902）钱镠要求朝廷封自己为吴越王，未允，只被封为越王，加食邑1000户，实封100户。天祐四年（907）朱全忠废唐自立，改国号为大梁，改元开平。进封钱镠为吴越王，食邑2000户，实封300户，赐号启圣匡国功臣。钱镠终于实现了"吴越双封，一王理事"的夙愿。当时有人劝钱镠拒命，钱镠则说："古人有言，屈身于陛下，是其略也。吾岂失为孙仲谋邪？"吴越虽属后梁藩镇，内政却完全独立。开平二年（908）改元天宝，采用自己的纪年。不久又自称"吴越国王"。后梁龙德三年即天宝十六年（923），后梁末帝朱瑱册封钱镠为吴越国王，吴越国正式建立。后唐长兴三年（932）钱镠去世。根据其遗命，"去国仪，用藩镇法，仍遵中朝年号，称长兴三年"。但这只是一种避免与中原王朝产生矛盾的策略，王国实质未变。

五代十国时期中原王朝有正统之名，但无一统江山之实力。钱镠制定了"事大"和"睦邻"（或"对峙"）的对外政策，利用各种资源平衡关系，使吴越国偏安一隅。这一对外政策后来为吴越国历任统治者所遵循，成为基本国策。清代钱塘（今浙江杭州）人袁枚代李亨特所作《重修钱武肃王庙记》（代杭州李太守作）称赞钱镠云："世方喋血，以事干戈；我且闭关，而修蚕织……称臣纳质，虚而与之委蛇；近交远攻，坐以观其成败。唯承顺得四境之安，乃专断行一王之制。其识量有如此者。"钱氏据有两浙之时，中原地区历经唐、五代、宋7朝统治，对它们始终采取尊奉策略。不管中原地区如何改朝换代，都禀其正朔，称臣纳贡，基本使用其年号，保持藩王表象，且基本不卷入其争战。赵宋王朝建立以后，钱弘俶接受其所授天下兵马大元帅之封，并避宋太祖赵匡胤之父赵弘殷讳改名钱俶（钱弘佐、钱弘倧等弘字辈名均去"弘"字）。宋开宝九年（976）正月钱俶率妻、子至开封觐见宋太祖，贡奉甚厚。宋太祖优加礼待，并承诺不杀钱氏。开宝九年十月太祖去世，太宗继位。为向其表达忠心，钱俶在厚遣贡赋的同时又"下令以文轨大同，封疆无患。凡百御敌之制，悉命除之。境内诸州城有白露屋及防城物，亦令彻去之"，主动拆除了军事防御工事。太平兴国三年（978）三月钱俶再次入觐，被太宗扣留。是年九月，太宗诏钱俶缌麻以上亲属及管内官吏分坐1044艘船前往京师，授以官爵。钱俶先后被封为淮海国王、汉南国王、南阳国王、许王、邓王。端拱元年（988）钱俶庆六十大寿，太宗遣使祝贺，当夜忽毙。太宗曾当面称誉钱俶："卿能保一方以归于我，不致血刃，深可嘉也。"苏轼《表忠观碑》云："吴、越地方千里，带甲十万，铸山煮海，象犀珠玉之富，甲于天下，然终不失臣节，贡献相望于道。是以其民至于老死不识兵革。四时嬉游，歌鼓之声相闻，至于今不废。其有德于斯民甚厚。"相形之下，南唐灭亡时金陵（今江苏南京）被围，伤死者众。钱俶顺应历史潮流纳土归宋，玉成宋朝统一，最终实现了保境安民的夙愿。

晚唐前期，杭州在整个东南地区的城市中还处于三流水平。同为浙江西道辖区内的苏州作为道内的政治、经济中心地位高于杭州。苏州在唐末五代时处于淮南杨行密与吴越国钱镠两大武装割据势力之间，是两

钱氏捍海塘遗址和木桩捆扎结构

大势力相互争夺的焦点，两大势力经常在此展开拉锯战。杭州却因为有
钱镠政权的稳固盘踞，社会相对安定，避免了兵火洗劫，在备受摧残的
江南地区成了幸存的硕果。杭州位居两浙的中间地带，利用政治和地缘
优势发展为东南的区域中心，跃升为一等城市。南宋人王明清《玉照新
志》卷五云："杭州在唐，繁雄不及姑苏、会稽二郡，因钱氏建国始
盛。"吴越国时杭州"南宫北城"格局得到进一步强化，并形成了子城
（皇城）、内城和罗城的内外结构。城市设计以"保境安民"为原则，
如为了防止外来势力侵犯而筑夹城、修罗城、设营屯，为了使百姓生活
有保障而筑海塘、浚西湖、凿池井。钱镠被封为镇海军节度使、浙西观

塘浦圩田治田、治水结合示意图（资料来源：王祯：《农书》之《农器图谱集之一·田制门·围田》《农器图谱集之十三·灌溉门·高转筒车》，《丛书集成初编》第1467册）

察使兼润州刺史后，"发民夫二十万及十三都军士筑杭州罗城"，"自秦望山由夹城东亘江干，泊钱塘湖、霍山、范浦凡七十里"，"城门凡十，皆金铺铁叶，用以御侮"。十城门为龙山门、西关门、南土门、北土门、保德门、竹车门、候潮门、通江门、钱塘门和涌金门。其中涌金门为钱元瓘时增置。及吴越国建国，以州治为基础建子城。子城旋即成为国都治所，为南宋皇城建设奠定了基础。吴越国时还在城内兴建了大量生产生活设施，整治了街道、桥梁、市场和房舍等。

　　为了确保杭州安全，除加强城防以积极抵御外来侵略外，还必须防治钱塘江海潮。两浙局势渐趋稳定、杭州扩城工程基本竣工后，钱镠就着手修筑海塘。最初所采用的是传统的板筑法，但"怒潮急湍，昼夜冲激，板筑不就"。传说曾"募强弩五百人，以射潮头"，"潮乃退钱塘，东趋西陵"。其实是钱镠总结了"板筑不就"的教训，采用了以石筑堤的新方法："运巨石盛以竹笼，植巨材捍之，塘基始定。""筑塘以石，自吴越始"，故史称"钱氏捍海塘"或"钱氏石塘"。后梁乾化三年（913）后梁敕授钱镠尚父册礼，许广牙城，以建大公府治。有术士向钱镠建议填西湖以为城之府治："王若改旧为新，有国止及百年；如填筑西湖以为城之府治，于法当有拓土之应，不止十四州已也，垂祚当十倍于此。王其图之。"钱镠对风水地理及术士之言向来信多疑少，而且开疆拓土、国祚长久又是其志向，但其"顾谓术者曰：'百姓资湖水以生，借湖水以灌田久矣。无湖水即是无民矣！吾之尊诏广城，原冀卫民，何敢稍存他念？况百年之内必有真主，岂有千年而天下无真主者乎？有国百年，天所命也，吾所愿也，足矣！尔无妄言，吾不为也。'不听，即于治所仅稍增广之"。

　　吴越国创造的塘浦圩田系统将浚河、筑堤、建闸等水利设施统一于棋盘化的水网圩田，使治水与治田结合在一起。具体采取以下措施：一是在唐代开挖元和塘、盐铁塘的基础上继续开浚太湖地区出海干河，如东面吴淞江、东北娄江、东南小官浦，使太湖东北向的阳澄湖低洼区减少西水下浸，而以吴淞江为主干、东北及东南出海入江河港为两翼的太湖排水走廊基本保持通畅。二是根据环太湖流域的地形高下分级分区规划塘浦。腹里低地以高圩为主，沿江沿海高地以深浚塘浦为主，使低田御洪和高地引灌相辅为用。好田和浦塘相应布列，成为支分密布的完整水网。三是圩堤与干渠、支渠、海口之间普遍设置堰闸、斗门。这种"二圩内有制"的治理方式，范仲淹给予高度评价。他在《答手诏条陈十事》一文中称："江南旧有圩田，每一圩方数十里，如大城。中有河渠，外有门闸，旱则开闸引江水之利，涝则闭闸拒江水之害，旱涝不及，为农美利。"杭州在吴越国时期地位的上升，不仅因城市建设水平的提高，也在于由圩田带来的经济繁荣。

与农业经济相应的是吴越国手工业的发展，最为突出的是丝织业、制瓷业、印刷业和建筑业，其他如制盐业、酿酒业、制茶业、矿冶业、造船业等也较发达。当时的产业分工更加细密，经营规模扩大，工艺技术有较大提高，对城市发展产生积极影响。吴越国也十分重视发展商业贸易。为了确保贸易畅通，钱氏政权十分重视交通设施的建设完善。杭州因此成为两浙交通枢纽，与各州、县均建有交通道路。城内则开凿了城南至钱塘江边的慈云岭路等。为了阻止钱塘江泥沙侵入运河，钱氏政权在运河入江口营建或完善了龙山闸、浙江闸等，运河和钱塘江交通得以顺畅。

吴越国国祚非久，但在自然科学和工程技术上取得了多方面成就。最突出的是天文学、建筑技术，其他如钱塘江和运河船闸的建设、火油的使用以及医学的进步等。1958年、1965年、1978年、1980年、1996年先后在杭州市上城区施家山钱元瓘次妃吴汉月墓、玉皇山钱元瓘墓和临安区锦城街道钱镠父钱宽墓、钱镠母水邱氏墓、钱元瓘妻马王后康陵的墓后室顶部发现的5幅石刻星图，是中国目前发现最早、最完整的石刻星图。

今人汤用彤《隋唐佛教史稿》一书指出"隋唐以后，外援既失，内部就衰"，佛教仅存躯壳。"五代之世实六朝以来佛法极衰之候"，但"钱氏历世奉佛，今日西湖上佛寺多与有关，而宋初之名僧多所庇

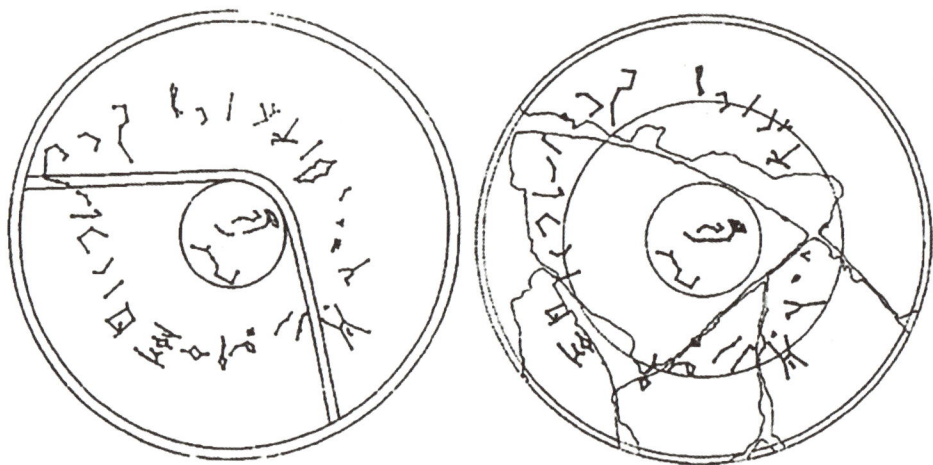

马王后康陵和钱元瓘墓石刻星图

翼"。杜继文主编的《佛教史》一书也说："唐末五代，随着文化逐步
向南转移"，佛教中心也在往南迁徙。在此过程中，"吴越诸王以杭
州为中心，大力提倡佛教，使这一地区逐渐成为佛教的一大中心"。
据《咸淳临安志·寺观》不完全统计，南宋末年杭州城内外寺院总计
496所，能够确定创建年代的398所。其中钱氏统治之前20所，钱氏统
治期间230所，北宋9所，南宋139所。南宋临安府下辖7县寺院总计281
所，能够确定创建年代的255所。其中钱氏统治之前81所，钱氏统治期
间141所，北宋4所，南宋29所。《咸淳临安志》成书于南宋末年，创建
于吴越国时期的寺院经300余年变迁不少已湮废，所载情况当有缺失。
《宋高僧传》《五灯会元》《吴越备史》《梦粱录》《都城纪胜》等

史籍相关史料可补充。总体而言，杭州寺院"创于钱氏者十五六"。后周显德二年（955）周世宗下诏限佛，令诸道州、府、县、镇、村、坊寺院"无敕额者，并仰停废"。"是岁诸道供到账籍，所存寺院凡二千六百九十四所"。而"检杭州寺院，存者凡四百八十"，占比为全国的17.82%。吴越国为宋代杭州"佛僧之胜，盖甲天下"的佛教繁盛奠立了基础。

南宋都会

南宋建炎元年（1127）宋高宗赵构在南京应天府（今河南商丘）建立南宋政权。由于军事上继续溃退，仅待了5个月便被迫南迁。短短二三年中，先后建行都于扬州、建康、杭州、越州等地。长则一年多，短则仅百日。朝臣纷纷议论定都问题，多数主张移跸建康，少数主张迁往杭州，最后定于杭州（临安）。

南宋临安是全国性的政治中心，治理地域较吴越国广阔许多，所以得以更为广泛地集中各种有效资源发展经济和文化事业。当时城乡经济互动发展，商品化率极大提高，国内外贸易空前繁盛。信息资源高度汇集，各类人才集聚，文化教育事业空前繁荣，促进了文化世俗化，市民社会开始萌生。建炎年间（1127—1129）"城之内外所向墟落，不复井邑。继大驾巡幸，驻跸吴会，以临浙江之潮，于是士民稍稍来归。商旅复业，通衢舍屋，渐就伦序"。由于南宋统治者奉行节俭，皇城或府城都不追求豪华，但整个城市的规模空前扩大，且建筑密度极大提高。至南宋末年，城中差不多无空隙之地。"民居屋宇高森，接栋连檐，寸尺无空；巷陌拥塞，街道狭小，不堪其行。"时人周辉感慨地说："辉祖居钱塘后洋街，第宅毁于陈通之乱。今韩蕲王府其地也。尝见故老言：

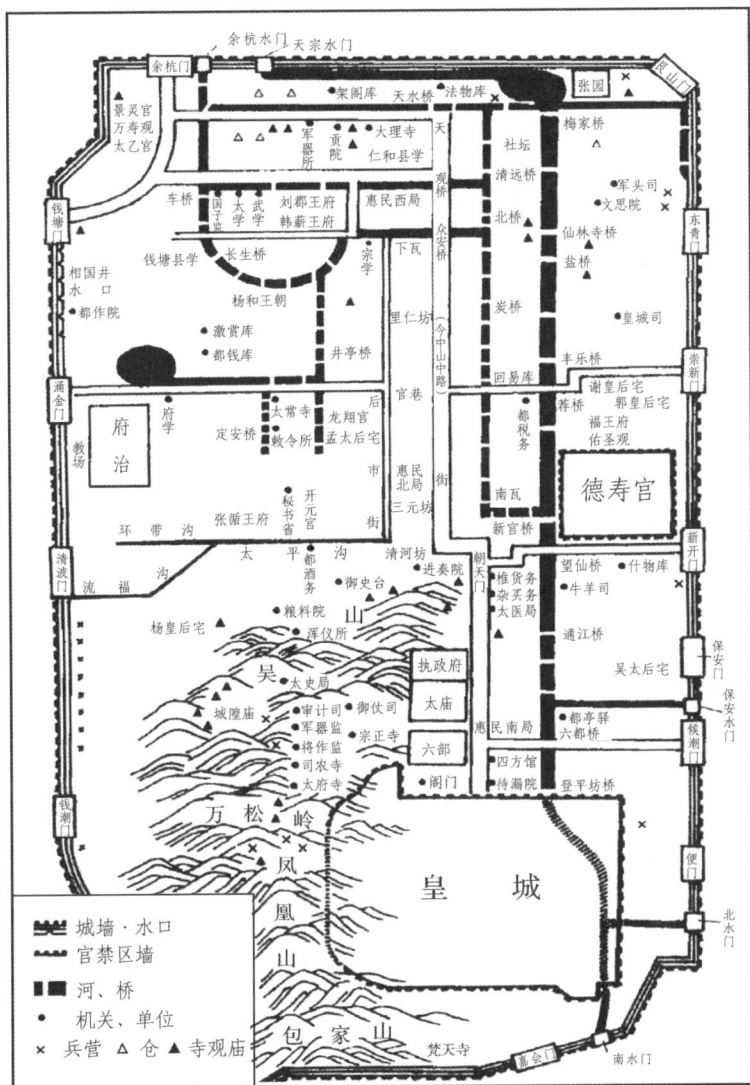

南宋临安城示意图（资料来源：傅伯星、胡安森：《南宋皇城探秘》，杭州出版社2002年版，第18页）

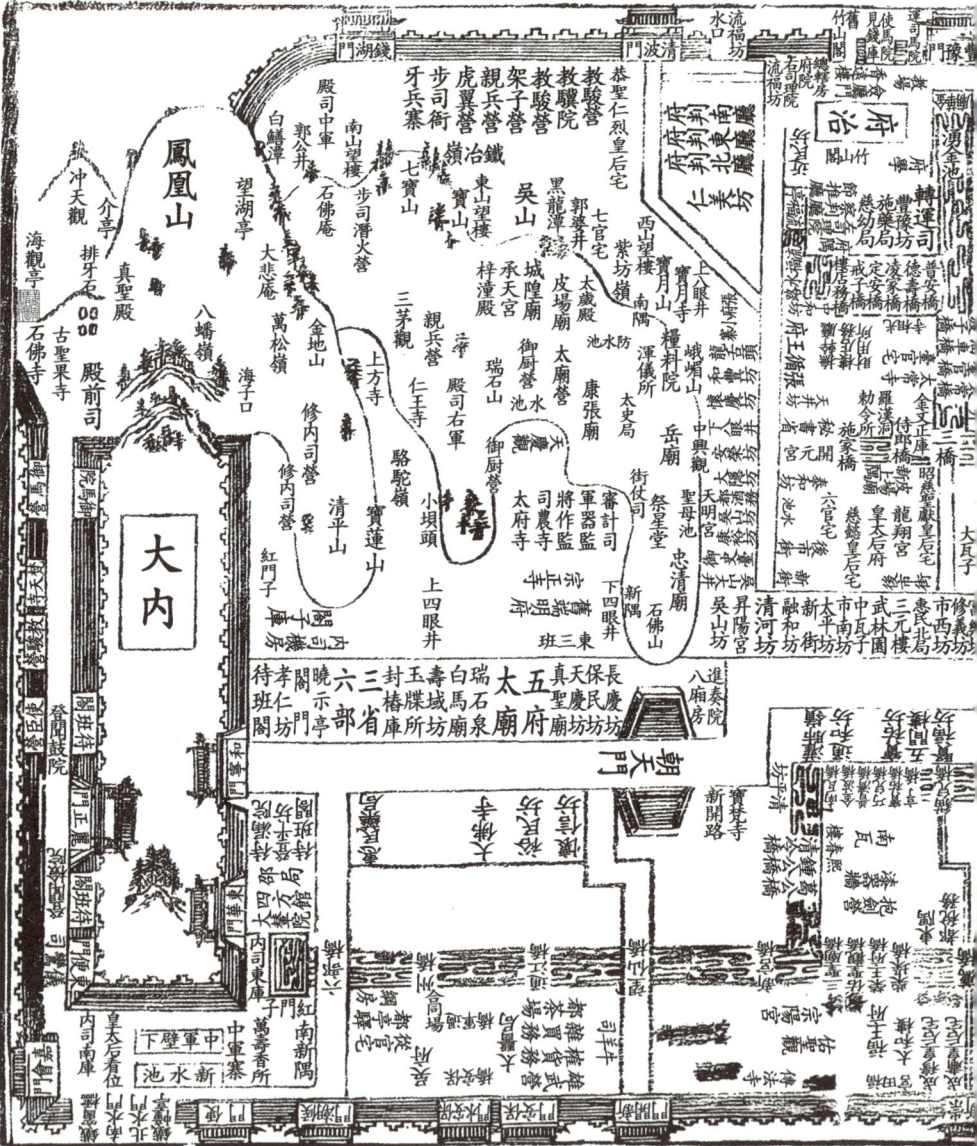

凤凰山

大内

朝天门

太庙

五府

吴山

京城图（资料来源：姜青青：《〈咸淳临安志〉宋版"京城四图"复原研究》，上海古籍出版社2015年版）

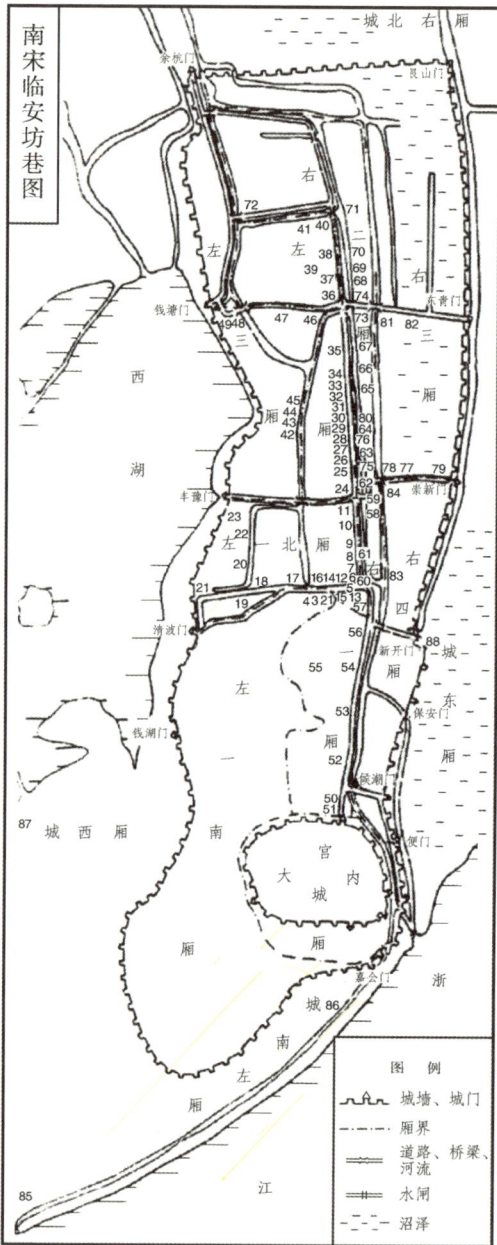

南宋临安坊巷图

厢	坊巷	
左一南厢	1. 大隐坊	2. 安荣坊
	3. 怀庆坊	4. 和丰坊
左一北厢	5. 吴山坊	6. 清河坊
	7. 融和坊	8. 新街
	9. 太平坊	10. 市南坊
	11. 市西坊	12. 南新坊
	13. 康裕坊	14. 后市坊
	15. 吴山北坊	16. 泰和坊
	17. 天井坊	18. 中和坊
	19. 仁美坊	20. 近民坊
	21. 流福坊	22. 丰豫坊
	23. 美化坊	
左二厢	24. 修义坊	25. 富乐坊
	26. 众乐坊	27. 教睦坊
	28. 积善坊	29. 秀义坊
	30. 寿安坊	31. 修文坊
	32. 里仁坊	33. 保信坊
	34. 定民坊	35. 睦亲坊
	36. 纯礼坊	37. 保和坊
	38. 报恩坊	39. 福德坊
	40. 招贤坊	41. 登省坊
左三厢	42. 钦善坊	43. 甘泉坊
	44. 清风坊	45. 清和坊
	46. 兴庆坊	47. 德化坊
	48. 字民坊	49. 平易坊
右一厢	50. 孝仁坊	51. 登平坊
	52. 寿安坊	53. 天庆坊
	54. 保民坊	55. 怀信坊
	56. 长庆坊	57. 新开坊
	58. 常庆坊	59. 富乐坊
右二厢	60. 清平坊	61. 通和坊
	62. 贤福坊	63. 兰陵坊
	64. 羲和坊	65. 武志坊
	66. 戒民坊	67. 新安坊
	68. 延定坊	69. 安国坊
	70. 怀远坊	71. 普宁坊
	72. 同德坊	73. 嘉新坊
	74. 教钦坊	75. 新开南巷
	76. 新开北巷	
右三厢	77. 东坊巷	78. 西坊巷
	79. 丰和坊	80. 善履坊
	81. 兴德坊	82. 昌乐坊
右四厢	83. 兴礼坊	84. 宁海坊
城南左厢	85. 状元坊	86. 美政坊
城西厢	87. 状元坊	
城东厢	88. 富安坊	

图中所标数字与坊巷对应表

南宋临安城坊巷示意图（资料来源：阙维民：《杭州城池暨西湖历史图说》，浙江人民出版社2000年版，第145页）

昔岁风物，与今不同。四隅皆空迥，人迹不到。宝莲山、吴山、万松岭林木茂密，何尝有人居？城中僧寺甚多，楼殿相望。出涌金门，望九里松，极目更无障碍。自六蜚驻跸，日益繁盛。湖上屋宇连接，不减城中。'一色楼台三十里，不知何处觅孤山。'近人诗也。"城市景观也有极大改善。南宋时期杭州城市地位最高，在国内外发展水平也在最高之列。不少中外学者认为，南宋都城临安是当时世界上最繁华的城市之一，在许多方面发展水平可与欧洲近世城市相比。

南宋临安府城由北宋杭州州城扩建而成。这次扩建不仅基于国都政治规格，而且要适应北宋以来坊市制度崩坏后商品经济发展的需要。因此实际上是有政治与经济双重任务的旧城改造，在中国城市规划制度演进历程中具有划时代意义。临安府城的建设大体经历了3个阶段。建炎三年（1129）初定行都至绍兴七年（1137）正式定都前为草创阶段。高宗在"时危势逼，兵弱财匮"的情况下即位，故建炎元年即下诏巡幸处所诸事力求"因旧就简，无得骚扰"。绍兴八年正式定都临安至绍兴三十二年高宗逊位为临安城扩建阶段。绍兴二十八年扩展皇城及皇城东南一带罗城13丈，新修城垣511丈，建南门嘉会门。同时对旧城垣大加修缮。绍兴三十一年即修缮倒塌城垣100多处，计1800余丈。皇城规模扩展至周回9里。绍兴三十三年孝宗即位至南宋灭亡为完善发展阶段。这一阶段没有大规模扩城新建，以调整完善为主，但城市设施和城市管理向适应社会化、市场化方向发展。经过改造，临安府城的结构功能与北宋州城相比做了较大调整。由以往礼治为主、经济为辅的秩序演变为以经济为主、礼治为辅的新秩序，彻底打破坊市分设的旧格局，形成坊市有机结合的新形态，实现了城市规划制度的变革，适应唐宋经济社会变革的新的城市规划思想经长期酝酿至此趋于成熟。除增加皇宫和中央

北高峯　南高峯　大内鳳山　豐樂樓　縣城新　小青　大青　綠渚

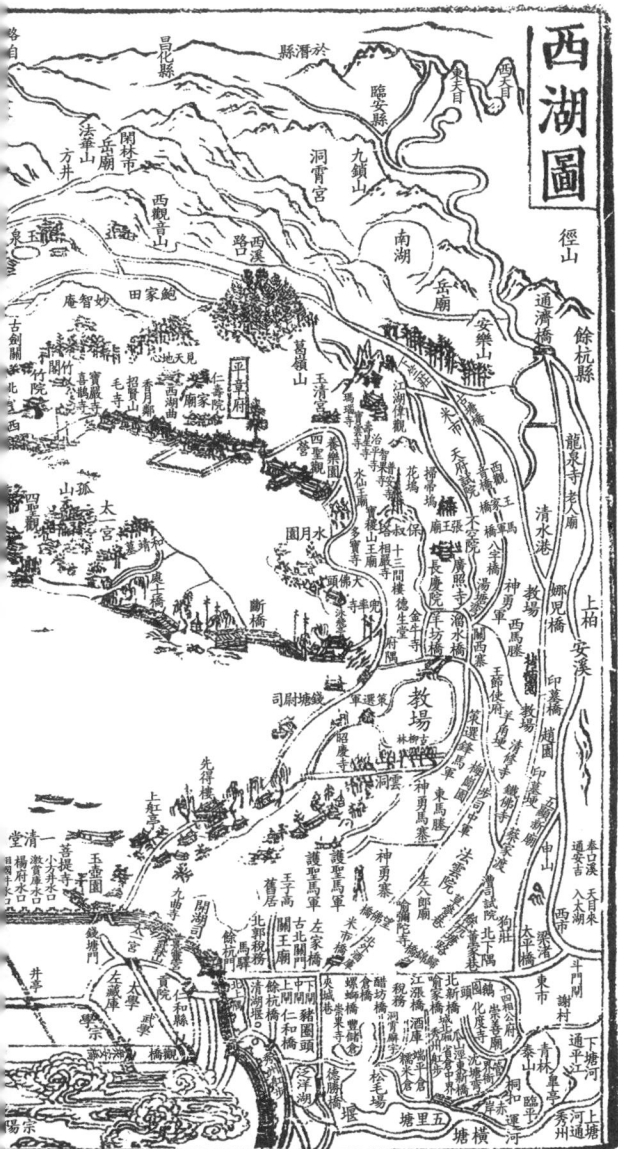

潜说友等《咸淳临安志》图《西湖图》复原图（资料来源：姜青青：《〈咸淳临安志〉宋版"京城四图"复原研究》，上海古籍出版社2015年版）

行政区外，还增加了国都一级的文化教育、商业、城市防护等设施，并形成了专门的手工业区和商业区。又全面完善西湖园林，初步形成西湖风景名胜区。城区按宫廷、行政、商业、仓储、码头、手工业、文化教育、居住、城市防护和风景园林等区域功能划分进行全新布局。

唐代西湖（时称钱塘湖）与钱塘江基本隔断后逐渐成为城区内湖，周边陆域化加速，水质淡化，人工改造的可能性加大。经白居易等的浚治，西湖初显人工山水韵致。此后，在吴越国历代国王和北宋苏轼等的治理下，人工山水景观趋于极致，且增添了一些人文景观。南宋时则全面园林化，增加了大量建筑物，形成了风景名胜区，闻名遐迩。由于沿湖陆域面积增扩较多，各类建筑物大量增加，湖区与沿湖地区共构为十分庞大的风景区。南宋周密所撰《武林旧事》卷五《湖山胜概》将其概括为南山路、西湖三堤路、孤山路、北山路、葛岭路、三天竺路、西溪路7部分（南宋时西溪湿地尚未构成独立的风景区，故西溪路在文献中被附编于西湖风景区）。西湖风景名胜区中最著名的景点是"西湖十景"。南宋以前的诗人画家对西湖的歌咏描画多从整体着眼，而自南宋对西湖风景进行精雕细琢以后，诗人画家的审美方式有了很大改变。董嗣杲曾在孤山四圣延祥观出家，其间写成诗集《西湖百咏》，于咸淳年间（1265—1274）刊印。这本诗集对西湖的大部分景点进行了详细记述和歌咏。郭祥正也有诗集《钱塘西湖百咏》。南宋画院的宫廷画师刘松年、马远、马麟、陈清波等对前人的创作进行提炼概括，截取西湖几个最有代表性的部分加以渲染，并以"断桥残雪""苏堤春晓""平湖秋月""花港观鱼"等命名。此风一开，西湖风光纷纷入画，逐渐从因景作画到因画名景。据《绘事备考》等著录，刘松年画有《断桥残雪》3幅、《三潭印月》1幅、《雷峰夕照》1幅、《苏堤春晓》2幅、《南屏晚钟》2幅等。陈清波除画《西湖全景图》外，还画有《三潭印月图》《苏堤春晓图》《断桥残雪图》《曲院风荷图》《南屏晚钟图》《雷峰夕照图》等。其他还有如张择端《南屏晚钟图》、马麟《西湖十景册》、叶肖岩《西湖十景图》、释若芬《西湖十景图》等。清人陈文述《西泠怀古集》卷六《西湖十景怀王洵、陈允平》云："'西湖十景'始于马远水墨之画，人称'马一角'。僧若芬画之传世者有《西湖十景图》，即祝穆《方舆胜览》所载也。嗣是陈清波、马麟又为十景写图，王洵题以十诗，陈允平题以十词，'十景'之名遂相传至今。唯《湖山胜概》《文园漫语》《无声诗》所载互有异同。康熙中，圣祖南巡，亲洒宸翰，十景之名始定。""西湖十景"形成时间有先后，大约始于南宋中期的理宗时期，完善于度宗咸淳年间（1265—1274）。《方舆胜览》卷一《临安府·西湖》云："在州西，周回三十里。其涧出诸涧泉，山川秀发。四时画舫遨游，歌鼓之声不绝。好事者尝命十题，有曰平湖秋月、苏堤春晓、断桥残雪、雷峰落照、南屏晚钟、曲院风荷、花港观鱼、柳浪闻莺、三潭印月、两峰插云。"《梦粱录》卷一二《西湖》也有相同记载："近者画家称湖山四时景色最奇者有十，曰苏堤春晓、曲院荷风、平湖秋月、断桥残雪、柳浪闻莺、花港观鱼、雷峰夕照、两峰插云、南屏晚钟、三潭印月。""西湖十景"的构思糅合了西湖山水的代表性审美意象，形成了"春夏秋冬四季之景，昼夜晨昏四时之景，东南西北四象之景，阴晴雨雪开合之景"的富有律动节奏的赏景时空序列。

南宋临安因交通便利也成为中心市场所在。当时大运河被切为两段，不再作为连接长江和黄河的水道。淮河以北的水道渐渐湮塞废弃，但从润州到临安的江南运河仍然繁荣，一直是南宋政权赖以存在的生命线。与此同时，浙东运河的重要性与日俱增。江南运河对于临安好比汴河之于开封。正如时人陆游《入蜀记》所说："自京口抵钱塘，梁、陈以前不通漕。至隋炀帝始凿渠八百里，皆阔十丈……朝廷所以能驻跸钱塘，以有此渠耳。汴与此渠皆假手隋氏而为吾宋之利，岂亦有数耶？"大运河不仅是南宋财赋供给的保障，而且也是其布达政令、遣发军旅、流通物资的重要通道。借助于大运河和钱塘江，临安形成了沟通两浙各地和淮南、巴蜀、闽粤的水运交通网络。其中至两浙各地可分为以下3条支线：一是至平江府和湖、常、秀等浙北诸州，二是至绍兴府和明、温、台等浙东诸州，三是至严、婺、衢等浙西诸州。临安至平江、湖、常、秀等浙北诸府州以江南运河为主，它在政治、军事和经济中举足轻重。"仰唯国家中兴，驻跸东南且百年矣。处浙水之右，据吴会之雄。自临安至于京口，千里而远。舟车之轻从，邮递之络绎，漕运之转输，军期之传送，未有不由此途者。""自天子驻跸临安，牧贡戎赞、四方之赋输与邮置往来、军旅征戍、商贾贸迁者途出于此居天下十七，其所系岂不愈重哉？"临安至上述各州的水运航程和日限为：秀州198里，计4日2时；平江府360里，计8日；湖州378里，计8日2时；常州578里，计11日4时；江阴军738里，计16日。又"京口当南北之冲要，控长江之下流。自六飞驻跸吴会，国赋所贡，军需所供，聘介所往来，与夫蛮商蜀贾、荆湖闽广江淮之舟，辏江津、入漕渠，而径至行在，所甚便利也"。临安至绍兴和明、温、台等浙东诸府州一般通过浙东运河。浙东运河自西兴至绍兴曹娥江，东可接余姚江经余姚至明州，再经甬江入海。明、台、温、闽、广等南方地区的纲运经海道先到明州，再由浙东运河输入临安。海鲜、水果等的运输和仕官商人等的往来也依仗浙东运河。南宋陵园设在绍兴，帝后梓宫搬运同样赖浙东运河。临安至严、婺、衢、徽各州沿钱塘江上行。"衢、睦等州人众地狭，所产五谷不足于食，岁常漕苏、秀米至桐庐，散入诸郡。钱塘亿万生齿，待上江薪炭而活。以浮山之险覆溺留碍之故，此数州薪米常贵。又衢、婺、睦、歙等州及杭之富阳、新城二邑，公私所食盐取足于杭、秀诸场。"严、婺、衢、徽各州外运的主要是木材。后来的徽商借其向外发展。但钱塘江河道复杂，"以浮山之险覆溺留碍之故，官给脚钱甚厚。其所亡失，与依托风水以侵盗者不可胜数，此最其大者。其余公私利害，未可以一二遽数"。临安至淮南是一条以大运河为主而水陆并行的商路。"淮南东西路……土壤膏沃，有茶盐丝帛之利。人性轻扬，善商贾；闾里饶富，多高赀之家。扬、寿皆为巨镇，而真州当运路之要，符离、谯亳、临淮、朐山皆便水运，而隶淮服。"扬州是其中的商业重镇和交通枢纽。南宋与金朝使者往来以及南宋与金朝榷易所得物品如药材、北珠、胡药、密云柿儿、太原葡萄等通过这条路交流。临安至巴蜀和荆湖地区的交通以江南运河沟通长江连接，巴蜀和荆湖地区出产的药材、丝织品、粮食、水果等借以输入临安。通过这条商路，临安还与湖南路的南岳和长沙等地的经济密切联系在一起。临安至闽粤的交通以海道为主，福建的福州、泉州和广东的广州是这条商路上最大的城市和通商口岸。当地的水果、花卉、生药、米、布、竹以及从"南蕃诸国"进口的香药、珍珠、犀角、象牙之类"宝货"，经明州转运到临安。时人葛澧《钱塘赋》曾这样描述运河与钱塘江交会的江口码头繁盛景象："江帆海舶，蜀商闽贾。水浮陆趋，联樯接武。红尘四合，骈至丛贮。涩喜荣獠，挥袂飘举。息操倍莅，功辨良楛。乃有安康之麩金、白胶，汝南之菁草、龟甲，上党之石蜜、赀布，剑南之缟苎、篓锦。其他球琳琅玕、铅松怪石、玳珠犀丝、杶干栝柏、金锡竹箭、丹银齿革、林漆丝枲、蒲鱼布帛、信都之枣、固安之栗、暨浦之三如、奉化之海错，奇名异状，

潜说友等《咸淳临安志》图《浙江图》
复原图（资料来源：姜青青：《〈咸
淳临安志〉宋版"京城四图"复原研
究》，上海古籍出版社2015年版）

夥够堆积。贸易者莫详其生,博洽者畴克徧识。"《梦粱录》卷一二《江海船舰》又描述道:"其浙江船只,虽海舰多有往来,则严、婺、衢、徽等船多尝通津买卖往来,谓之长船等只。如杭城柴炭、木植、柑橘、干湿果子等物,多产于此数州耳。明、越、温、台海鲜鱼、蟹、鲞、腊等货亦上通于江浙。但往来严、婺、衢、徽州诸船下则易,上则难,盖滩高水逆故也。江岸之船甚夥,初非一色。海舶、大舰、纲艇、大小船只、公私浙江渔浦等渡船、买卖客船,皆泊于江岸。盖杭城众大之区,客贩最多,兼仕宦往来,皆聚于此耳。"

第三篇

钱塘江物语

毓物之德

水动力节制

　　钱塘江古名浙江，亦名渐江，最早见载于《山海经》。三国时始有"钱唐江"之名，但仅指流经钱唐县境的河段。民国时期才以"钱塘江"作为包括其上游河流的统称。钱塘江跨浙、皖、赣、闽、沪5省（市），为浙江省最大的河流，也是长江三角洲南翼最大的河流和中国名川之一。钱塘江有南、北两源。北源长于南源6千米，但南源集水面积和年径流量均为北源的1.7倍。北源源出安徽省休宁县皖、赣两省交界的怀玉山脉主峰六股尖东坡（一说源出浙、皖、赣边境的莲花尖），自上而下称大源、率水、浙江、新安江；南源源出休宁县南部的青芝埭尖北坡，从上而下称齐溪、马金溪、常山港、衢江、兰江。两源在建德市梅城镇汇合后称富春江。流经钱塘江后在杭州湾湾口（上海市浦东新区芦潮港闸与浙江省宁波市镇海区外游山连线）注入东海。位于桐庐县富春江镇的富春江水力发电站以下的富春江下段受潮汐影响，为钱塘江河口区以径流作用为主的河流段；浦阳江自萧山区汇入后为河口区径流和潮流共同作用的过渡段，再向下至海盐县澉浦镇长山闸与慈溪市庵东镇西三闸的连线入河口区为以潮流作用为主的潮流段（河口湾—杭州湾）。钱塘江从北源源头起至杭州湾湾口止，全长668千米，流域面积55558平方千米，其中86.5%在浙江省境内（安徽省11.2%，上海市1.85%，福建、江西两省0.45%），占浙江省总面积的47.2%，主要分布于杭州、衢州、金华、绍兴、嘉兴、丽水等市。杭州湾湾口南北两岸相距约100千米，至钱塘江口海盐县澉浦镇一带缩小到21千米，再上至海宁市盐官镇仅为2.5千米。平湖市乍浦镇至杭州市江干区闸口段河床纵剖面又有庞大的沙坎隆起，先以1.5／10000的坡度向上抬起，再以0.6／10000的倒坡下降。这使得海宁市黄湾镇大尖山至盐官镇一带（对岸为杭州市萧山区义蓬街道至南阳街道赭山）潮波破裂汹涌，形成举世闻名的"钱塘江潮"。杭州附近河段因江流曲折、风涛险恶，又有"之江""罗刹江"等称谓。

由于长江水动力作用，钱塘江河床南北摆动，使得杭州湾北岸侵蚀内塌、南岸淤涨北进。距今1600年杭州湾北岸在平湖市乍浦镇王盘山—海盐县澉浦镇一线，乍浦镇以南为一片沃野，西段岸线大致在海宁市尖山和九龙山—杭州市拱墅区笕桥街道—西湖区古荡街道一带，径流、潮流出入于青龙山、赭山之间（称中小亹），河槽在萧山区赭山—坎山之间形成"南大亹"。其时西湖还与大海相通。此后赭山以北的北大亹启开，南大亹淤废。至明清时北岸相对稳定，南岸则继续接受冲击物而淤涨成陆。因总体上潮流对北岸强烈冲击不断，冲刷物由潮流带至南岸淤积，所以北塌南淤的总趋势仍然存在。

长江水动力也使整个江浙海岸崩塌侵蚀，所以历史上修筑了包括钱塘江海塘在内的江浙捍海塘。江浙捍海塘与长城、大运河共称为中国古代三大人工工程。广义上的江浙捍海塘包括范公堤、江南海塘、浙西海塘和浙东海塘，全长超过900千米。范公堤从今江苏省阜宁县羊寨镇至启东市吕泗港镇，全长290千米。江南海塘（苏松海塘）北起江苏省

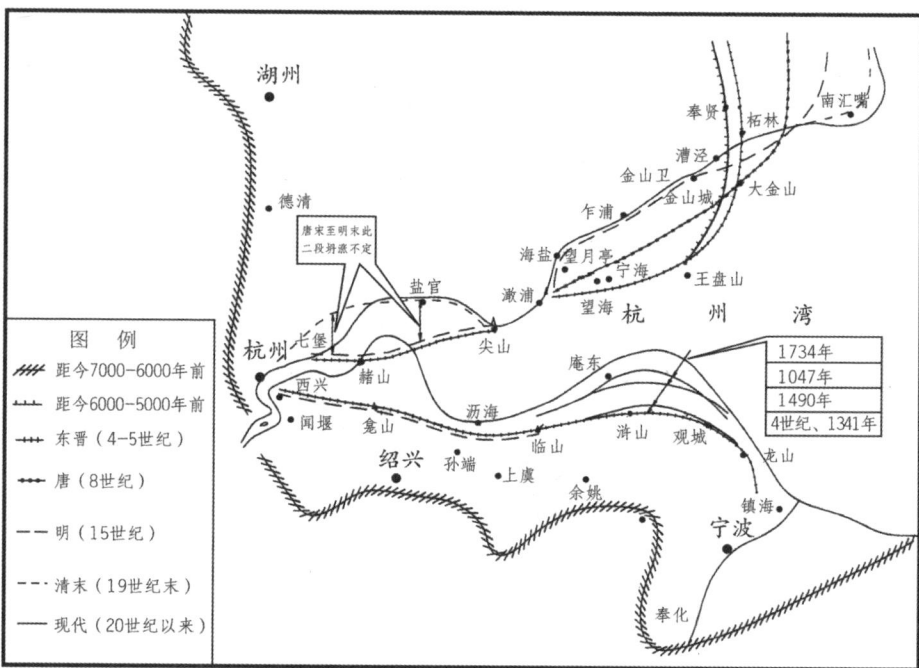

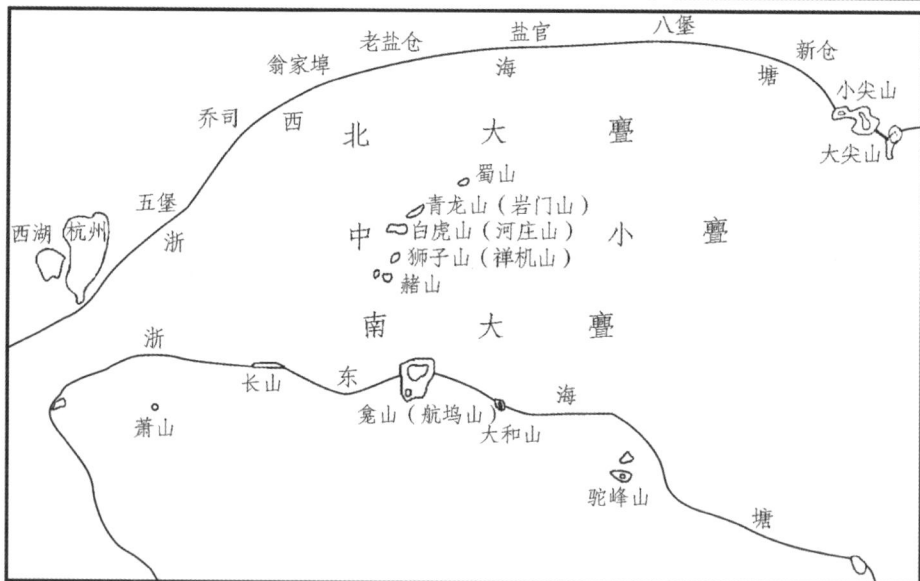

钱塘江河口岸线变迁和三亹位置（资料来源：《钱塘江志》编纂委员会编：《钱塘江志》，方志出版社1998版，第65、66页）

清光绪十七年（1891）所摄的钱塘江潮（杭州市档案馆藏）

常熟市福山镇，经太仓市和上海市嘉定区、宝山区、浦东新区、奉贤区至金山区金山卫镇，全长250千米。浙西海塘自金山卫镇经浙江省平湖市、海盐县、海宁市到杭州市区钱塘江口，全长150千米。浙东海塘西起杭州市萧山区临浦镇，东至宁波市镇海区招宝山附近，全长210千米。狭义上的江浙捍海塘指江南海塘和浙西海塘。其中浙西海塘最为险要。江浙捍海塘对东南地区的经济、政治、文化发展发挥了重要的保障作用，经济社会效用极高，同时也有很高的文物价值，不少人建议申报《世界遗产名录》。

据刘道真《钱唐记》所记，西汉末年会稽郡议曹华信发起修建钱唐防海大堤："防海大塘在县东一里许，郡议曹华信家议立此塘，以防海水。始开募，有能致一斛土石者即与钱一千。旬月之间来者云集，塘未成而不复取。于是载土石者皆弃而去，塘以之成，故改名'钱塘'焉。县南江侧有明圣湖。父老传言，湖有金牛，古见之。神化不测，湖取名焉。"华信所筑防海大堤的位置约在汉明圣湖（今西湖）东岸一线。这条防海大堤使西湖与江海相隔，也使整个今杭州的东区成陆速度加快，

錢塘江圖

浙江通志

卷之首

清湖閘

山柯棚

杭州府

玉山界

山常

钱塘江图（资料来源：施维翰等修，张衡等纂：《康熙浙江通志》卷首《图考》，清康熙二十二年（1683）刊本）

与西部西溪湿地的陆域化遥相呼应。清乾隆五十五年（1790）浙江巡抚琅玗等编纂的《海塘新志》认为华信所修防海大塘开江浙海塘之先河，事实上它也是文献记载中国最早的海塘。

余杭县治（今余杭区余杭街道）原在南苕溪南，虽有舟楫之便，却因形势平衍而易遭水灾。东汉熹平元年（172）任余杭县令的陈浑将其迁至溪北，筑城浚濠以固围。并于其西南的东苕溪干流南苕溪上游开上、下南湖。并山者为南上湖，筑塘32里；并溪者为南下湖，筑塘34里。总面积约1.37万亩。沿溪设陡门、堰坝10余处。在县东10里建高2.2丈、宽1.5丈的西涵陡门，在南渠河置东郭堰、千秋堰。南湖水利工程是一个按地势坡降而建的两级分洪水库，也是太湖流域兴筑最早、规模较大的陂塘蓄水工程，能分杀南苕溪上游水势，按季节调节水流。山洪暴发时可蓄储上游来水，削减洪峰，干旱时则可提供水源。湖中蓄水先导入干渠再分流农田，因而可以不过分提高湖堤而增加蓄水量，并使湖堤更有安全保障。该工程的设计十分先进。自其建成以后，历代沿现今东苕溪河道逐渐修建了西险大塘，固定了苕溪河道，较好地控制了杭州市区及周边地区的洪涝情势，使西溪湿地之水渐杀，许多滩涂出露，形成港汊纵横、水陆围合、洲渚相接的人居地，东苕溪改道淹没的良渚古城遗址区则恢复了生机，今杭州主城区因此而演化为优良的居住区和农耕区。事实上，陈浑兴修南湖水利工程，利于钱唐县（时为钱唐侯国）为多，乃至有利于整个杭嘉湖平原，其所为乃职责所归，是统筹全局之举。现今的杭州主城区最终得以完全陆域化，是古钱唐县与古余杭县互动共构的结果，也即东苕溪与钱塘江治理互补的结果。陈浑筑横塘似与华信筑防海大堤有某种默契，至少可以说明当时的人对今杭州市区的地理机制已经有了全面而深刻的认识。

今浙江省最早的地理基础主要因苕溪和钱塘江水动力而形成。再经兴修水利工程和人工开发调驯节制水流，自然地理增强了稳定性，陆域面积稳步扩展，进一步朝着适宜人居和农业生产的方向发展，在秦汉时期形成政区雏形。自此以后形成隔断钱塘江侵害、把控苕溪水流、发展圩田和城市建成区的基本发展格局。

秦汉时，继吴国之后逐步开通江南水道，在方便交通运输的同时服务于农业灌溉。《越绝书》卷二《越绝外传记吴地传第三》载："百尺渎奏江，吴以达粮。"百尺渎又称百尺浦，为公元前5世纪末吴王夫差所开。其地原在钱塘江北岸的今海宁市长安镇至盐官镇西的河庄山侧，宋元后钱塘江走北大蹙近河庄山部分属钱塘江南岸的今杭州市萧山区。《咸淳临安志》卷三六《山川十五》载："在（盐官）县西四十里。《舆地志》云：'越王起百尺楼于浦上望海，因以为名。'今废。"从吴国都城向南直至百尺渎可达钱塘江，与越国水道相通。长安镇北落还有一条河道叫崇长港，俗称下河，是在古代越水道的基础上整修而成的。越水道是公元前6世纪上半叶东周敬王时开凿的，在古代又名运漕河，为漕运要道。后秦始皇时又开凿陵水道。陵水道又叫秦河，由由拳（今嘉兴）直达钱唐。《越绝书》卷二《越绝外传记吴地传第三》载："秦始皇造道陵南，可通陵道，到由拳塞。同起马塘，湛以为陂。治陵水道到钱唐、越地，通浙江。"另又有水道自吴国都城北达广陵。"吴古水道出平门上郭池入渎，出巢湖，上历地，过梅亭，入杨湖，出渔浦，入大江，奏广陵。"以上水道共同构成江南运河的前身。而后来大运河最南端的上塘河则是在百尺渎、陵水道的基础上开凿而成的。上塘河从今杭州市区到长安镇，再从长安镇向南到盐官镇。至三国时期，大运河长江以北段大体成型。东晋南朝时又开凿浙东运河。浙东运河自今

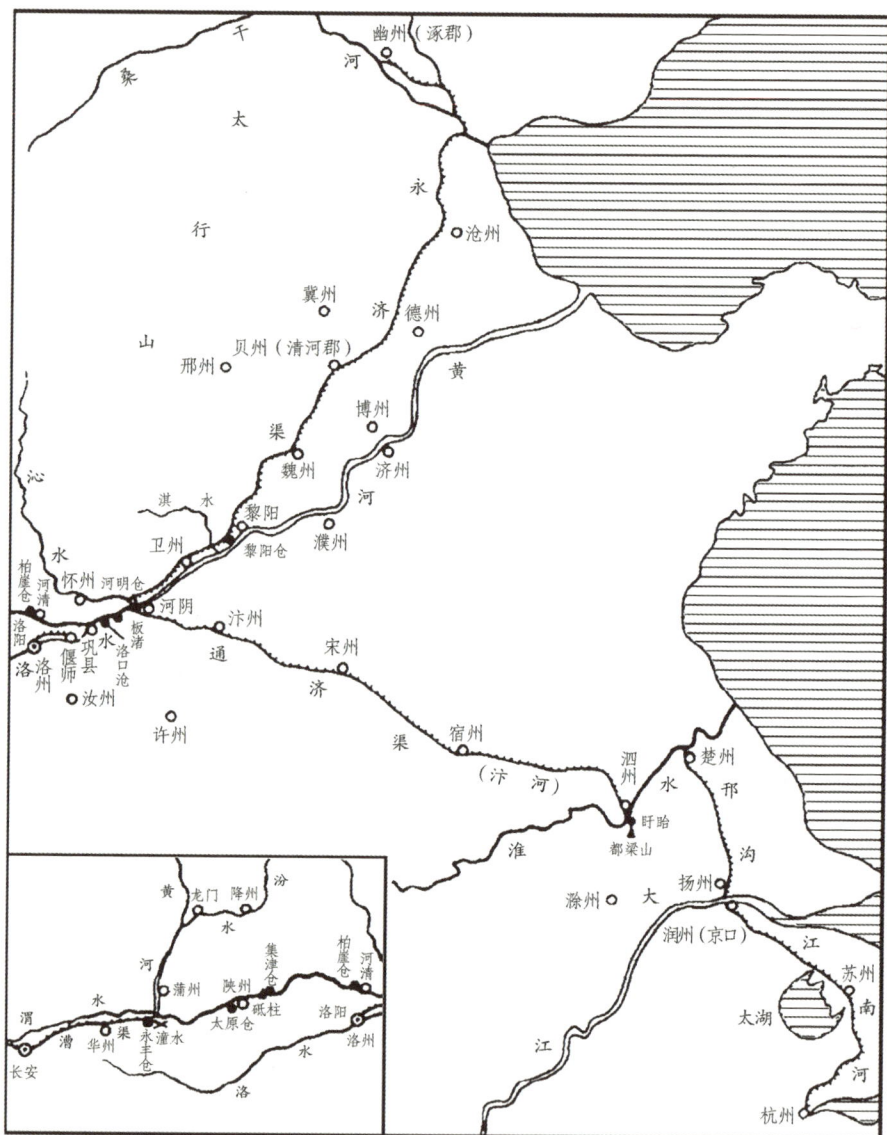

隋唐时期的大运河（资料来源：邹逸麟《中国历
史地理概述》修订本，上海教育出版社2005年
版，第336页）

杭州市滨江区东延至宁波市，沟通了姚江、甬江、钱塘江、曹娥江等12条自然河流，全长约200千米。隋代以前，以中原地区为中心贯通东西南北的大运河体系框架已经形成。它连通钱塘江、长江、淮河、黄河、海河五大水系，构成纵贯中国南北的交通线。不过由于修建标准较低，河道与各地的自然水道连通，部分只是因战争需要开挖，战争结束便废弃淤塞，所以实际功能仍有限。自东晋开始东南地区经济日渐繁荣，全国的经济重心逐步向这一带转移。隋唐时期大运河被当作中国的交通动脉来认识，开始大规模修建标准较高的河道、桥梁、闸门、补水和溢洪的湖泊等，建立了比较完善的管理机构，从而造就了繁荣的运河经济。这种高标准的修建工作在隋文帝时已经开始。隋文帝在关中修建的潼关至长安的广通渠便利了关中地区的漕运，隋炀帝时修建的运河长度达2700千米以上，包括洛阳为中心的通济渠、永济渠、山阳渎和江南运河。大业六年（610）开始对江南运河进行全面疏浚、拓宽，形成了可行大船的深水河道。《资治通鉴》卷一八一《隋纪五》载，大业六年"冬，十二月……敕穿江南河，自京口至余杭八百余里。广十余丈，使可通龙舟。并置驿宫、草顿，欲东巡会稽"。"广十余丈"，如果以北周大尺（合今29.6厘米）计，相当于今29.6米以上；以隋小尺（合今24.6厘米）计，也在24.6米以上。估计实际宽度约在30米。隋炀帝所乘坐的龙舟，上下"四重，高四十五尺，长二百尺。上重有正殿、内殿、东西朝堂，中二重有百二十房，皆饰以金玉。下重内侍处之"。其吃水深度必然相当可观。江南运河不仅使太湖平原的水运网络有了一条主干航道，而且向南贯通钱塘江可以交通浙江全境及江西、安徽、福建等地区，向北与广通渠、通济渠、山阳渎、永济渠等连接可沟通长江、淮河、黄河、海河等水系，从而交通江淮平原、关中平原、华北平原。伴随着以数学、地理学为代表的科学技术发展，当时的河道规划、设计和施工都达到了很高水平。隋唐两代的国都设在长安或洛阳，从巩固北方中央集权的国家政权、对北方大规模用兵、稳定南方政局等方面来说，大运河发挥了极为重要的战略作用，是维护国家统一的重要保障。到北宋年间，出现了"汴水横亘中国，首承大河。漕引江湖，利尽南海。半天下之财富，并山泽之百货，悉由此路而进"的格局。

大运河的开凿促进了江南地区的一体化发展，抑制了造成江南长期混乱的因素，对江南的稳定性开发有决定性影响。运河漕运不是简单的贡输漕引，而是以动制静，对漕运加以发展和升华，以漕洽商。将商流引入漕运，又使漕运归入商流，漕运商旅融为一体。商流的滚动，得益于均输、平准策略，所谓"漕运四利"：平衡赋税徭役；减少贫困地区人口逃亡，使聚落城邑还于安定；巩固边防，使军粮丰衍，"震耀夷夏"；舟车既通，百货杂集，用商求强。正因为如此，大运河经济造就了无数繁华都市。隋开皇十四年（594）关中大旱，文帝无奈率官民至洛阳就食。炀帝继位，以洛阳为东都，政权中心东移。嗣后又沿大运河三下江都（扬州），以江都为"亚都"。如唐人权德舆《广陵诗》"广陵实佳丽，隋季此为京"所说，政治中心实际南移。隋炀帝还表示要巡行会稽，又曾策划移都丹阳（今南京），说明他人在江都，意在江南，要以南方为强大依靠，重新收拾河山。隋炀帝政权中心南移的设想给后世启发甚多，最重要的是重视江南。而杭州的战略地位也因此不断上升。隋代以前杭州的运河水道已经四通八达，通过江南运河可达今嘉兴、湖州、苏州、镇江等地，借浙东运河可与绍兴、宁波等地区相联系。当时的杭州逐渐发展成为一个重要的河运和海洋运输繁忙的货物中转型港口城市，转运数量很大。东吴时全琮从钱唐向乌程等地贩米所走路线即是江南运河。南齐永明年间（483—493），"吴兴无秋，会稽丰登，商旅往来，倍多常岁"。许多商人从山阴市上购买粮食到乌程贩售，所走路线即是由浙东运河渡江趋钱唐县，然后通过江南运河旧道北上。由于运河船只往来频繁，税收相当可观。大业六年开凿自京口（今江苏镇江）至杭州的新的江南运河，长800余里，宽10余丈，可通龙舟，沿途设置驿馆。从隋炀帝开凿江南运河到隋朝灭亡仅仅不到10年，但是《隋书》在叙述隋代江南地区尤其是吴会地区社会经济时说："丹阳，旧京所在，人物本盛。小人率多商贩，君子资于官禄。市廛列肆，埒于二京……京口东通吴会，南接江湖，西连都邑，亦一都会也……宣城、毗陵、吴郡、会稽、余杭、东阳……数郡川泽沃衍，有海陆之饶。珍异所聚，故商贾并辏。"杭州的经济由此在南朝的基础上有了进一步发展，开始步入全国经济发达地区的行列。隋代之前的钱唐，不论政治地位还是经济的繁荣程度，北不及吴县（今苏州），南不如山阴（今绍兴），但是随着隋代江南运河和浙东运河的不断整治、延伸，杭州逐渐成为联系浙东地区与江淮流域的枢纽，不但与越州、婺州等地的联系更为密切，而且与苏州、扬州、汴州（今河南开封）、洛阳、长安（今陕西西安）、涿郡（今北京）等重要城市有机地联系在一起，在隋代乃至此后相当长的历史时期里一直跻身国内最具规模、最完备、最先进的交通链之中，发展水平逐渐反超于苏州、越州之上。

北宋建国后即十分倚仗两浙财赋，因而非常重视大运河漕运和这一地区的发展。南宋时大运河被切为两段，不再作为连接长江和黄河的水道。淮河以北的水道渐渐湮塞废弃，但从润州到临安的江南运河仍然繁荣，一直是南宋政权赖以存在的生命线。元朝定都大都（今北京）后，即着手凿通通向杭州的水道。从至元十三年（1276）到至治年间

大都

白河

通惠河

○水平路

雄州

直沽

莫州

沧州

渤　海

陵州

利津

登州

宁海州

临清

济南路

益都路

莱州

东阿

汶水

东昌

东平路

胶州

安山
南旺

须城
寿张

泗水 洸水

济州

兖州

莒州

归德

微山湖

沂州

砀山

沛县

滕州

海宁州

黄水洋

萧县

邳州

黄

河

徐州

宿迁

清河

淮安路

山阳

盐城

洪泽湖

宝应

泗州

怀远

濠州

高邮

兴化

东台

邵伯

安丰路

扬州

泰州

寿春

真州

瓜州

通州

卢州路

江

集庆路

镇江路

常州路

无锡

大

平江路

安庆路

湖州路

嘉兴路

杭州路

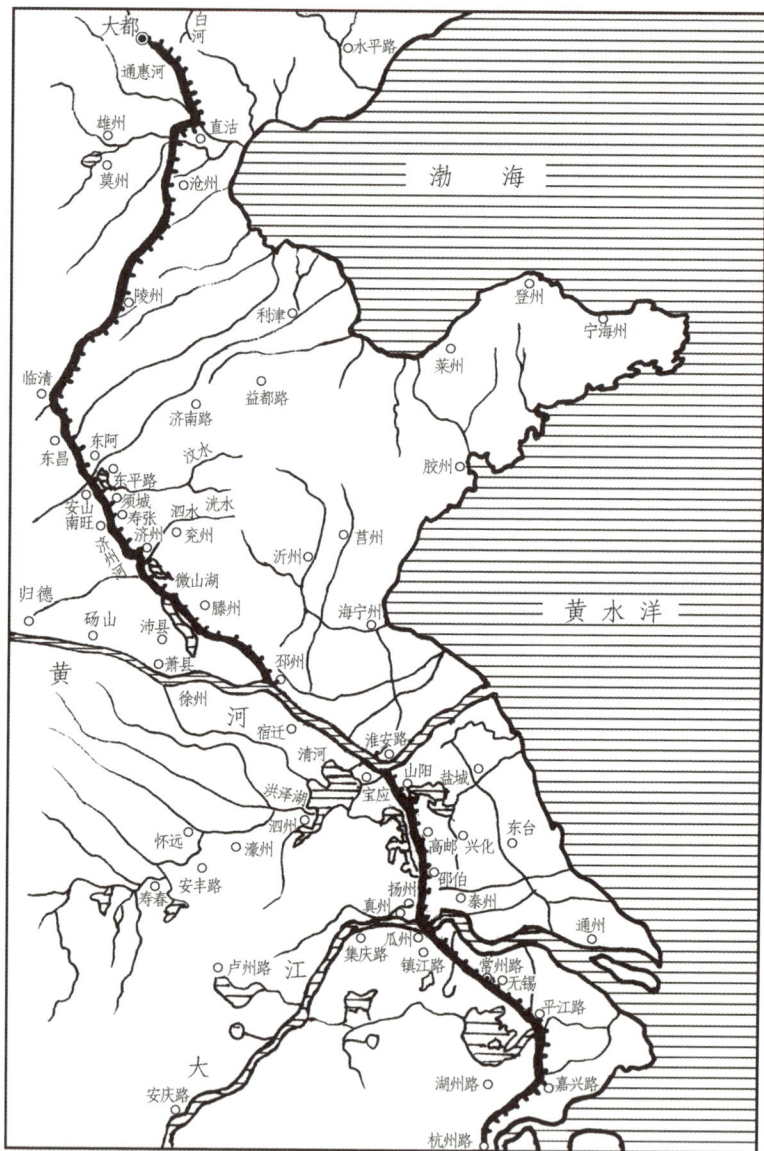

元代京杭大运河

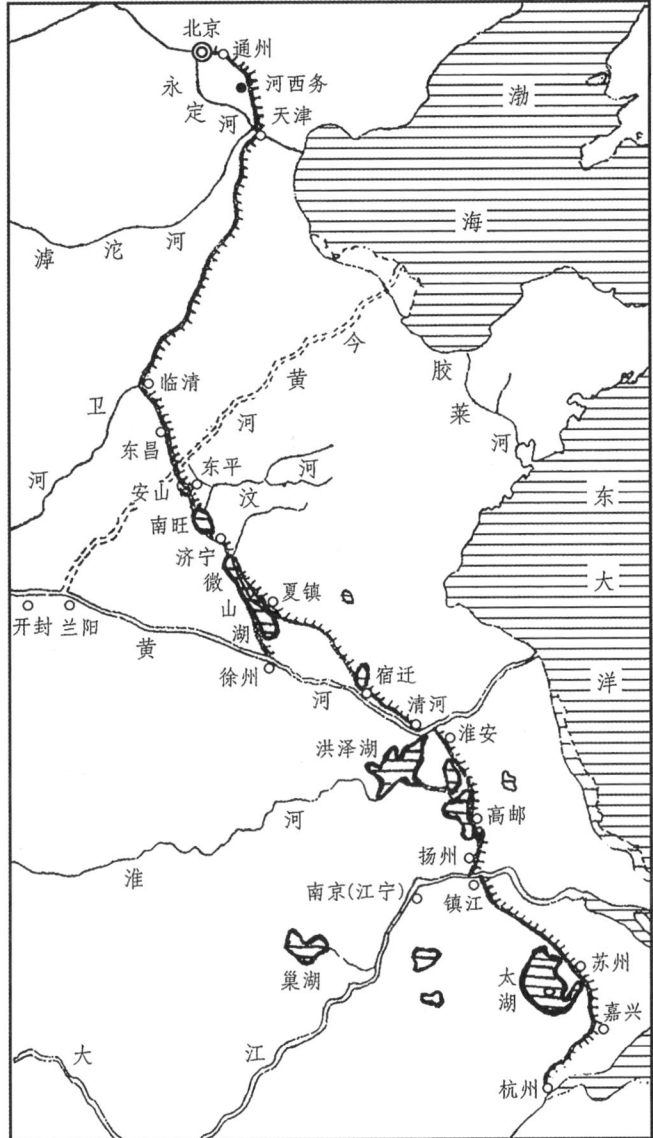

渤

海

今 胶 莱 河

东

大

洋

北京
通州
河西务
永 定 河
天津
滹 沱 河
卫 河
临清
东昌
东平
安山
南旺
汶 河
济宁
微山湖
夏镇
开封 兰阳
黄
徐州
河
宿迁
清河
洪泽湖
淮安
河
高邮
淮
扬州
南京(江宁)
镇江
巢湖
太湖
苏州
嘉兴
大
江
杭州

明清时期的京杭大运河

清光绪年间（1875—1908）佚名绘《清代京杭运河全图》杭州段（国家测绘档案资料馆藏）

（1321—1323）的数十年间，先后开凿了济州河、会通河、通惠河，并对江南运河进行修治，将原来以洛阳为中心的隋代东西横向运河修筑成以大都为中心、南下直达杭州的纵向大运河。京杭大运河跨今北京、天津、河北、山东、江苏和浙江6省市，沟通了海河、黄河、淮河、长江、钱塘江五大水系，全长1794千米。

织维之功

　　学界曾凭山西夏县西阴村遗址发现的半个蚕茧、河南荥阳青台村遗址瓮棺葬儿童裹尸布丝织品样痕迹和其他一些遗址陶器底部的印纹遗迹等，认为中国的蚕织业距今5000多年前起源于黄河流域。1977年河姆渡遗址出土的一件牙雕小盅上刻有4条蠕动的蚕。而崧泽、罗家角、圩墩以及河姆渡等遗址的孢粉显示桑属花粉比重较大。但丝绸起源最直接、确凿的物证却是浙江省湖州市钱山漾遗址出土的丝织物，至今已有4200年历史。1958年、2016年的考古发掘均发现相关遗物，证实长江下游环太湖流域有最早的丝织业发源。其中的绢片、丝带、丝线，经切片鉴定，性状为一般呈钝角三角形截面蚕丝特征，平均截面259平方微米，与现代150—250平方微米蚕丝截面相近。绢片未完全碳化，呈黄褐色，平纹组织，织物密度为每平方厘米47×47根左右，表面细致、平整、光洁。明显可见经纬上多根单茧丝并合，经纬均无捻。丝线平均直径167微米，由20根单茧丝并成，单茧丝平均直径15.6微米。丝带已完全碳化，辫状结构，平纹组织，4根Z捻向股丝捻合成1根丝线，3根丝线编结为人字纹带，总宽4.44—5.35毫米。另有S捻向乱丝一团。钱山漾遗址、良渚古城遗址以及湖州邱城遗址等还发现石、陶纺轮和石骨质针等

湖州市吴兴区钱山漾遗址出土的绢、麻绳和麻片

纺织工具。良渚古城遗址内的卞家山遗址出土一件刻有"手搓线"图纹的陶纺轮。良渚古城遗址内的反山遗址M23是一座具女性特征的大墓，出土织机部件端饰6件，可分成3对，两头各3件，一一对应配套，似为织机卷布轴、开口刀、经轴镶插端饰，证明当时可能已有原始腰机。人们已能用丝、麻和葛等不同原料进行绩麻织丝、横经打纬，织成蔽体御寒的衣裳。据此可以推测，钱山漾文化的重要来源良渚文明应已生产丝绸。先民操

良渚遗址反山12号墓出土的织机玉端饰
（浙江省博物馆藏）

良渚文明原始织机使用方法示意和根据织机部件玉端饰复原的织机（资料来源：赵丰：《良渚织机的复原》，《东南文化》1992年第2期）

作原始腰机的方法是：将整好经线的织机用腰背把卷布轴系于腹前，再用双脚蹬起，使经线分组，形成开口，用细木棍（或梭子）绕经引纬，放平开口刀，轻轻打纬后抽出，然后开始下一纬的织造。织造一定长度后经轴翻转一周，放出若干经线，卷布轴则卷入一周长的织物。当时可能已可织幅宽在35厘米以下的织物。

秦汉时期吴会地区的纺织业仍以麻、葛等植物纤维类织物生产为主，越布因制作精美还成为贡品。《后汉书》卷八一《独行列传第七十一》载，会稽人陆闳"建武中为尚书令，美姿貌，喜着越布单衣。光武见而好之，自是常敕会稽郡献越布"。从江苏出土的东汉织机图画像石可以推测，吴会地区最迟在东汉之初已在织机上广泛使用脚踏板，大大提高了生产工效。另外，发明于西汉后期的提花机东汉时也得到较普遍使用。考古发现证实黄河中下游以及南方的荆湖地区当时丝织业较发达。吴会地区的相关史料发现不多，从有限的资料分析，差距不会很大。2008年杭州附近的安吉县高禹镇五福村发现的战国末到西汉初墓葬出土一批丝织品，包括罗、锦和绢等。其中一件原为铜镜纽带的丝织品为暗花罗织物，即一种以四经绞组织作地、二经绞组织显花的菱纹织物。湖南长沙马王堆汉墓也出土过类似暗花罗织物，但图案比安吉所出的这件菱纹罗简单。朱乐昌夫妇墓发现丝、麻织成的被子。《后汉书》卷七一《皇甫嵩、朱儁列传第六十一》记载朱儁的母亲曾以贩缯为业。王充《论衡》等文献则有会稽栽桑的记载。

　　六朝时浙江的纺织业是仅次于农业的支柱产业之一。由于受到原料供应、技术水平、社会风尚等因素的影响，纺织业各门类之间的发展不平衡。葛、麻纺织业持续发展，丝织业全面兴起，棉纺织业崭露头角。东吴时江南的麻布、葛布享有盛誉。曹丕曾称誉孙权奉献的葛布说"江东为葛，宁比罗、纨、绮、縠"，还派使者向东吴求细葛，可见东吴所产为上选。东晋南朝麻、葛织品产量巨大，乃至平民也用为常服。曹丕称帝时，孙权赠送了大量丝织品。孙权日常赏赐部下的丝织品也动辄千匹或万匹。如果丝织业没有相当规模是不能想象的。孙权夫人赵氏以"三绝"闻名。《拾遗记》卷八载："吴主赵夫人，丞相达之妹。善画，巧妙无双，能于指间以彩丝织云霞龙蛇之锦。大则盈尺，小则方寸。宫中谓之'机绝'。孙权常叹魏、蜀未夷，军旅之隙，思得善画者使图山川地势军阵之像。达乃进其妹。权使写九州方岳之势。夫人曰：'丹青之色，甚易歇灭，不可久宝。妾能刺绣，作列国方帛之上，写以五岳河海城邑行阵之形。'既成，乃进于吴主，时人谓之'针绝'。虽棘刺木猴、云梯飞鸥，无过此丽也。权居昭阳宫，倦暑，乃褰紫绡之帷。夫人曰：'此不足贵也。'权使夫人指其意思焉。答曰：'妾欲穷虑尽思，能使下绡帷而清风自入，视外无有蔽碍，列侍者飘然自凉，若驭风而行也。'权称善。夫人乃析发，以神胶续之。神胶出郁夷国，接弓弩之断弦，百断百续也。乃织为罗縠，累月而成。裁之为幔，内外视之，飘飘如烟气轻动，而房内自凉。时权常在军旅，每以此幔自随，以为征幕。舒之则广纵一丈，卷之则可纳于枕中，时人谓之'丝绝'。故吴有'三绝'，四海无俦其妙。后有贪宠求媚者言夫人幻耀于人主，因而致退黜。虽见疑坠，犹存录其巧工。及吴亡，不知所在。"这个记载看上去夸张，但应在一定程度上反映了东吴的生产技术水平。《太平御览》卷八一四《布帛部一·丝》引《陈凯奏事》云，永安（今德清）、诸暨出"御丝"，被列为贡品。贵族对丝绸的热爱也带动民间追求，乌程侯孙晧时"百工作无用之器，妇人为绮靡之饰。不勤麻枲，并绣文黼黻。转相仿效，耻独无有。兵民之家，犹复逐俗。内无儋石之储，而出有绫绮之服。至于富贾商贩之家，重以金银，奢恣尤甚"。绫、绮都是暗花织物，织造技术较高。民间能竞相使用，说明技术已较为普及。《三国志》卷六五《王、楼、贺、韦、华传第二十》载，华覈曾向孙晧建议："通令户有一女，十万家则十万人。人织绩一岁一束，则十万束矣。"这条建议虽未被采纳，但从中可以窥见民间纺织业的活跃。孙权立国之后，规定农户在养蚕缲丝期间可以暂免他役。《三国志》卷四七《吴主传第二》载，赤乌三年（240）下诏："自今以来，督军郡守，其谨察非法。当农桑时，以役事扰民者，举正以闻。"这种在农桑季节限制政府徭役征发的政策，对于农桑生产的恢复和发展十分有利。东吴立国之初就在宫中建立了官营织造机构，这在江南历史上为首例。《三国志》卷六一《潘浚、陆凯传第十六》载，末帝孙晧时任左丞相的陆逊之子陆凯追述，"自昔先帝时，后宫列女及诸织络数不满百。米有畜积，货财有余。先帝崩后，幼、景在位，更改奢侈，不蹈先迹，伏闻织络及诸徒坐乃有千数"。东吴的官营织造机构不仅规模宏大，工艺技术水平也很高。东晋南朝十分重视劝课农桑，生产规模和技术进一步提高。随着庄园的兴起，丝织业成为庄园经济的重要部分。庄园主按照季节的变换有条不紊地安排浴种、采桑、养蚕、缫丝、织绸、染帛、缝衣等生产。此时的桑树品种已属优异。《晋书》卷一二四《载记第二十四·慕容宝》载："先是，辽川无桑，及（慕容）庞通于晋，求种江南，平州桑悉由吴来。"当时已经出现了用盐贮藏蚕茧的方法，即用盐渍腌茧来杀死蚕蛹，以防止蚕茧出蛾，延长缫丝期限。南齐钱唐县令孙谦离任时，百姓赠送了一批"缣帛"给他。这种缣帛细而不透水，可用于书画。

隋代赋役改革促进了桑蚕生产。当时丝绸消耗费量巨大。隋炀帝三下江南，为他挽船摇桨的宫女都身穿锦衣，甚至连船帆和马障泥都是用织锦制成的。唐代前期全国丝织业仍然呈现南轻北重的格局，锦、绫、罗、纱等高级丝织品的生产基本集中在中原地区的河南道、河北道和巴蜀地区的剑南道、山南道西部，但江南道发展迅速，并且逐渐有了知名产品。唐代赋役更加侧重绢帛，且绢帛可以作为货币使用（但支用须折为铜钱），加上对外贸易量增加，进一步刺激吴会地区的丝织业发展。另外，北方先进技术也不断南传。传说初唐名臣褚遂良的九世孙褚载由广陵（今江苏扬州）迁至杭州，因广陵"机杼之巧"超乎寻常，他也带来先进技术，杭州的丝织生产技术水平因此大大提高，丝织业有了显著发展。后世的杭州丝织业界为了纪念褚载，在忠清巷褚家祠堂旧址之上修建了通圣土地庙，明嘉靖二十二年（1543）又改为观成堂。清光绪二十二年（1904）刻立的《杭州重建观成堂记》碑文载："昔褚河南之孙名载者，归自广陵，得机杼之法，而绸业以张。"杭州东园巷机神庙立于乾隆六十年（1795）的《秩记轩辕庙先蚕殿碑》也留下这一传说：
"相传河南褚公裔孙得机杼之巧于广陵，归以教其里人。嗣后杭州所出
为天下冠。"两碑中的"褚河南"和"河南褚公"均指唐高宗时曾封河
南郡公的褚遂良。褚载于乾宁四年（897）进士及第，所以当在晚唐时
来杭州，而杭州丝织业的兴起应当更早。根据《唐六典》卷三"户部郎
中员外郎"条及《元和郡县图志》所载开元赋和开元贡、《通典》卷六
《食货典》赋税下载天宝贡等资料来看，杭州、越州曾在盛唐开元、
天宝年间（713—756）上贡白编绫、绯绫和纹纱等丝织品。绫在唐代指
起暗花的单层提花织物，纱指轻薄透明的丝织物。晚唐人章孝标《织绫
词》云："去年蚕恶绫帛贵，官急无丝织红泪。残经脆纬不通梭，鹊凤
阑珊失头尾。今年蚕好缲白丝，鸟鲜花活人不知。瑶台雪里鹤张翅，禁
苑风前梅折枝。不学邻家妇慵懒，蜡揩粉拭谩官眼。"可知所织绫之纹
样有喜鹊、凤鸟、仙鹤、梅花等多种，十分丰富。白居易《杭州春望》
一诗对杭州名产柿蒂绫赞不绝口，还将它与杭州名酒梨花春相提并论：
"红袖织绫夸柿蒂，青旗沽酒趁梨花。"其诗注云："杭州出，柿蒂花
者尤佳。"所谓柿蒂绫是指织有柿蒂图案的绫。柿蒂花图案由4个花瓣
组成，简洁大方，唐以前很少见。柿蒂绫几乎都是在1／1平纹地上起
3／1斜纹花，图案以散点团窠的形式排列，但是风格淡雅，视觉效果
不像团窠那样富丽堂皇。从考古类型学分析可知，它兴起于唐代初期，
流行于唐代中期，在今天的新疆吐鲁番、甘肃敦煌、青海都兰等地出土
的唐代丝织品中多见。虽不能肯定这些出土的柿蒂绫就是杭州所产，但
考古发现和文献记载都证实曾有不少江南丝织品通过丝绸之路输送到西
北地区，而且史料所见出产柿蒂绫的仅见杭州一地。西北出土的柿蒂绫
经向图案循环一般仅在2—3厘米上下。图案循环越小，所用综片数就越

少，一般能在早期的提花机上完成，丝织业尚处于初兴期的杭州生产这样的产品是比较合情理的。麻和苎隋唐以前在吴会地区即有种植，而且已是主要衣着原料。但原来麻仅种于"陵陆"之地，苎也非大田作物。隋唐时麻种植才普遍起来，苎也成为大田作物，苎布生产变得十分普遍。撰于天宝年间（742—756）的《唐六典》卷二〇《太府寺卿》记载，在全国庸调及折租之麻、苎布质量九等中，湖州苎布列三等，杭州、越州列四等，属高档产品，列为贡品。衢州、婺州列五等，台州、睦州、温州列七等。

吴越国的纺织业十分发达。当时较高档的即贡奉中原王朝和吴越国皇室自用的绸缎大多出自官营织造机构，如朱国祯《涌幢小品》卷一四《钱俶》所谓"精缣皆制于官，以充朝贡"，而普通的则由民间生产。杭州的官营织造机构较集中。《吴越备史》卷一《武肃王上》记载，钱镠在杭州设立的手工业作坊唐末天复年间（901—904）就"有锦工三百余人，皆润人也"。从"王令百工悉免今日之作"可知，这些工匠是官营作坊中从事徭役的匠人。这是文献记载中杭州最早的官营丝织机构。官营丝织作坊不仅规模大，生产的品种也十分齐全。据《十国春秋》等书所记，有绫、锦、罗、绢、绮、纱、缎、织成等，每类之中又有数种，每种之中又有花素之分。丝绵原料之外复有端物，织物之外更有各色成衣，可谓洋洋大观。织成是运用通经断纬特殊工艺织成的高档丝织品，由西北传入。吴越国织成对南宋缂丝的发展有积极影响。吴越国向中原王朝进贡的丝绸数量惊人。《十国春秋》等文献有记载的就有数百万匹，另外还有巨量的绸衣、丝绵等。据《吴越备史》补遗，仅宋太祖、宋太宗两朝就进贡"锦绮二十八万余匹，色绢七十九万七千余匹"。进贡数量最大的是绢和绵，绢动辄成千上万匹，绵上万两。吴越国的丝绸成衣制作精良，进贡也较多。宝大元年（924）钱镠向后唐进贡的就有龙凤衣，盘龙凤锦织成红罗縠袍、袄、衫、御衣，红地龙凤锦被、丝鞋、履子等。除了进贡外，吴越国王室的消耗数量也很大。除却官营织造机构生产的高级丝织品外，普通绢帛则由民间生产以充贡赋。钱镠尝教人广种桑麻。钱文选《追述钱武肃王治吴越功德，纠正欧史非议之谬诬》一文指出，钱镠"劝民从事农桑，桑麻遍野。至今千余年，江浙丝绸业为全国之冠"。没有吴越国的推动，宋代以后杭州的丝织业难以迅速在全国占据领先地位。据说当时的相应赋税负担很重，民间丝织业是其重要维系。

北宋两浙的缫丝业、丝织业有较大发展，如李觏《直讲李先生文集》卷一六《富国策第三》所谓"平原沃土，桑柘甚盛。蚕女勤苦，罔畏饥渴……茧箔山立，缫车之声连甍相闻。非贵非骄，糜不务此……争为纤巧，以渔倍息"。至道元年（995）杭州设织务（也称织室）。后一度罢停。据陈邦瞻编《宋史纪事本末》卷一一所记，崇宁元年（1102）徽宗又"命宦者童贯置局于苏、杭，造作器用……雕刻织绣之工，曲尽其巧。诸色匠日役数千"，恢复了织务。直至宣和三年（1121），前后存在了约20年。在杭州设立地方性的官营织造机构，表明杭州已经成为丝绸的主产区。北宋向辽、西夏和金等输纳较多。根据"澶渊之盟"，每年向辽输绢20万匹，后又增至30万匹；向西夏输绢15万匹，向金所输之绢数量也大。再加上每年大量的军需、官俸及给赠外邦，丝绸需求量巨大。朝廷不得不督劝农桑，加重赋税。北宋沿用唐代中期以来实行的两税法，夏税主要输纳丝及丝织品。全国24路中，两浙路上贡的丝绸占全国的1/3以上。据《宋会要辑稿·食货六四》记载，北宋初每年全国上贡罗106181匹，其中两浙路69654匹，占66%；

台州市黄岩区屿头乡前礁村赵伯澐墓出土
南宋交领莲花纹亮地纱袍和对襟双蝶串枝
菊花纹绫衫（黄岩博物馆藏）

绢2876105匹，其中两浙路1058052匹，占37%；绸486744匹，其中两浙
路124285匹，占27%。不仅数量超越前代，品种和工艺也比过去有了很
大发展，仅锦的品种就有42种之多。另全国上贡丝绵2365848两，其中
两浙路1613398两，占68%。熙宁七年（1074）两浙地区进贡的各种丝
绸达100万匹之多。南宋官营丝织业以少府监所属的绫锦院、织染所和
文思院等执掌。绫锦院在绍兴三十一年（1161）时有织机300台，工匠
数千人。除厢兵役卒外，还有从民间鳞差或和雇的工匠。从曾任於潜县
令的楼璹所绘制的《耕织图》中可以看出，临安的缫丝业、丝织业生产
技术达到了当时的最高水平。南宋初年临安上供绢仅约4万匹，到庆元
年间（1195—1200）增至约12万匹，占两浙路的1／14强。据时人刘克
庄《戊辰即事》所载，每年要缴朝贡用双丝细绢100万匹。丝织品税额
也较唐代增加了7倍。乾道年间（1165—1173）临安府夏税约纳绢95813
匹、绸4486匹、绫5234匹、锦58521两。丝绸花色品种十分丰富，试制
出博生罗、三法暗花纱、宋锦等新产品，以及仿制日本、高丽诸国的名
产兜罗绒。除绸、缎、绢、锦、绫、纱、罗等得到翻新外，还出现苎
丝、绒背锦、缂丝、鹿胎、透背、捻金锦等新品种。从宁宗皇后杨桂枝
的《宫词》"要趁亲蚕作五丝"推测，当时可能已经有五枚缎织物。缂
丝发源很早，至宋代成熟。

元代江南各地的织染局归属于江浙等处财赋都总管府管辖，杭州织
染局是浙江境内规模较大的织染局。与同期设置的建康织染局一样，也
设大使、副使、相副官各一员。据《元史》卷一〇《本纪第十·世祖
七》所记，至元十六年（1279）世祖"诏行中书省左丞忽辛兼领杭州等
路诸色人匠，以杭州税课所入岁造缯缎十万以进"。除皇室外，王公贵
族对杭州生产的丝织品也十分青睐，常差人前来催办上等丝绸衭袄等

物。普通百姓穿着丝织品的日益增多，马可·波罗（Marco Polo）游历杭州时看到杭州人多衣丝绸。由于朝廷对生丝需求量大，夏税只征丝而不征丝织品，因而江南地区的大多数农户不得不以养蚕缫丝为主要副业。虽然丝绸在禁止私卖之列，但由于利润丰厚，仍有不少商人违禁贩卖海外。时人汪大渊《岛夷志略》中记载了通过海道南线向南洋各国、印度、伊朗和北非地区出口的十几个丝绸品种中就有"苏杭色缎"，而日本、高丽两大邻国是主要进口国。其中输往日本的诸多商品中有金襕、金纱、唐绫等品类。另外还有一种暗花缎逐渐成为中国最具代表性的高档丝织品，至明清时也流行。除丝织品外，外商采购蚕丝的也日益增多。每逢新丝上市之际，外商便溯钱塘江而上到建德一带收购生丝。时有"蚕乡丝熟海商来"之语。

《明史》卷八二《食货六》载，明朝政府在"两京织染，内外皆置局。内局以应上供，外局以备公用。南京有神帛堂、供应机坊。苏、杭等府亦各有织染局，岁造有定数"。苏、杭之外，其他还设了20多个地方织染局。这些地方织染局多集中在作为丝绸生产重镇的江南地区，其中浙江承宣布政使司管辖的有10处，而杭州织染局规模、产品品质和产量均居首位。由于朝廷下达的织造任务繁重，织染局本身无法完成，于是仅专织御用袍服，而岁织任务则改由民间机户到官局领取丝料代织，形成了所谓的领织制度。明代中叶后，由于额外派织日增，上用袍服的织造任务只靠内织染局已不能完成，也不得不委派于地方织染局。地方织染局原本的生产能力已经不足，所以只能派发于民间。明代两浙生产的丝绸品种也有所增加，工艺水平更是达到新的高度。

清代的官营织造机构在数量上远少于明代，只在北京和江南丝织业发达的江宁（今南京）、苏州和杭州设置4个由政府经营管理的织造机构，其中北京的称内织染局，江南3个分别称江宁织造局、苏州织造局和杭州织造局，合称"江南三织造"。历经战火的原明代杭州织造局颓坏，仅存少量织机和挑花匠。顺治三年（1646）重建。《苏州织造局志》卷三《官署》云："顺治三年奉旨遣工部侍郎陈有明、满州官尚志等织造苏、杭。"其时杭州织造局已"停工二十余年，机房颓坏无存，匠役逃亡甚多"。据《苏杭织造督理陈有明揭帖》所记，陈有明等在"织造局尚存旧椽数间，总织局止存一片空地"的条件下，"添修内造旧局，并盖岁造机房，铺设机张"。次年四月完工，"共计新造织染东、西两库并总织局、机库等房三百零二间，修理旧机房九十五间"。"东府自堂檐卧室之侧悉置匠作以供织"。康熙四十五年（1706），为迎接圣祖南巡扩建为内造织局、外造织局、纺局和染局4局。内造织局也称红门局，为管理机构，另外3局为织染工场。共有织机770台，其中缎机385台、部机385台（缎机为织造上贡缎匹等用，部机为织造赏赐缎匹等用），规模大超前代。康熙元年杭州织造局就曾造办官用妆花缎、片金、抹绒、花官绸、闪缎等2290匹，还造办上用袍缎和官绸、绫、罗、纱等1840匹，两项合计4130匹。虽然品种不及江宁织造局多，但数量却是三织造中最多的。雍正十三年（1735）产量即达9665匹。乾隆至咸丰年间（1736—1861）的平均年产量为4356匹，其中乾隆元年至嘉庆十一年（1736—1806）平均年产量4683匹，最高一年乾隆十六年为6559匹。这些统计还不包括零星派织和无确切数量记载的部分，这部分估计每年约1000—1500匹。江宁织造局年均产量为3585匹，苏州织造局更少，为2815匹。杭州织造局占总量的40.5%。尤其是绫绸、杭绸等织物，因主要用于各种宫廷，随各种庆典日趋增多和规模日盛而大量增加。

清代江南的民间丝织业规模不断扩大，成为全国最大的缫丝业和丝织业中心。清初对民间手工业发展有所限制。《光绪续纂江宁府志》卷一五《拾补》载,康熙时规定:"机户不得逾百张,张纳税当五十金。织造批准造册、给文凭,然后敢织。"后江宁织造曹寅奏准取消限制。《同治上江两县志》卷七《食货》载,"自此有力者畅所欲为。至道光间遂有开五六百张机者"。免限后民间织机数量增长迅速。到乾隆年间(1736—1796),杭州拥有百台织机以上的机坊已不在少数,城内外共有织机3000余台、拈丝机1300余台。道光年间(1821—1851)更是机户过万。有"杭之机杼甲天下"之称。城中机户以生产先将丝线染色后再织造的熟货为主,城东机户则生产先织后染的生货为主,生产工艺要求相对较低。原来这些生货需要运到城里进行练染,雍正时艮山门一带也开了很多染坊,可就近练染。丝织业专业化程度则进一步提高,有专业的络丝、织造、挽丝、牵经、刷边、扎扣、接头、修绸等工种,乃至有"结综掐泛"等工种。

清末日本人绪方南溟考察中国工商业后曾指出,苏、杭等江南城市"商情以绸缎为第一"。康熙二十三年(1684)开放海禁后,海外丝绸贸易取得了合法地位,江浙的生丝和绸缎出口增长迅速,进一步为之创造了发展机会。与明代相比,清代的丝绸外贸中丝货占的比例更大,主要是由于一些国家的丝织业进一步发展,对原料需求巨大。生丝的大量出口造成国内丝价大幅度上涨。从康熙末年到乾隆前期约40年间丝价涨了约50%。一时间贸丝成为商人最大的盈利点。自康熙年间(1662—1722)到鸦片战争之前,清政府为购铜铸钱每年向日本输出大量生丝和绸缎。其中日本元禄年间(1688—1703)即康熙朝中期最盛。即使到了乾隆以后,每年由乍浦等地出口至日本的生丝仍在6.3万斤以上。自康熙年间至鸦片战争前,从浙江到日本的商船有6200多艘,整个贸易额中生丝和丝织品占了70%。生丝几乎全部产于浙江的杭州、湖州和嘉兴3府。除了向日本输出外,杭州等地生产的丝货还销往英国、法国、荷兰、丹麦、瑞典、美国等地。乾隆到咸丰前后100多年间,江南地区与新疆地区开展大规模直接官营丝货贸易。起因是乾隆二十二年平定准噶尔叛乱后有功于清廷的哈萨克部落提出在当地以马匹换货物(主要是丝绸)的要求。清政府在新疆驻兵、屯田需要马匹和其他牲畜,便命杭州织造局等筹划相关贸易。嘉庆年间(1796—1820)江南与新疆的绸缎贸易进一步繁荣,贸易地点也由乾隆时期的5处,扩大为伊犁、塔尔巴哈台、乌什、阿克苏、叶尔羌、和阗、喀什噶尔、喀喇沙尔等8处。嘉庆二年为新疆贸易备织的2015匹江南绸缎中,杭州织造局承担了671匹,约占1/3。除了具有官方色彩的丝货贸易外,民间丝货贸易范围也极广。

秘色瓷及其他

　　青瓷以高岭土为主原料制成瓷坯，用含铁量较高的矿土与石灰石合成青釉原料，材料使用上比陶器有很大进步。从马桥遗址出土的青绿釉、黑釉瓷器来判断，环太湖地区是目前所知中国年代最早的原始瓷出产地之一。1956年萧山县进化镇大汤坞村裘家山东坡发现的春秋战国时期的茅湾里窑址是浙江省较为典型的印纹硬陶和原始青瓷遗址。其中原始青瓷以瓷土为原料，胎质坚实致密。外表素面，内壁有螺旋纹，除器底外表里均施青黄色薄釉。器形主要有碗、杯、盅、鼎、盉等。这种原始青瓷是介乎陶与瓷之间且接近瓷器的一种过渡性器物，在浙江同时期的墓葬中普遍发现，说明萧山是越国重要的陶瓷生产基地，也可能是中国瓷器的发源地之一。

　　秦汉时钱塘江流域的青瓷工艺技术有了极大发展，至东汉时氧化铝和氧化铁含量提高较多，实现了原始青瓷向现代青瓷的脱胎性转变。茅湾里遗址出土原始青瓷的氧化铝和氧化铁含量分别为14%和1.5%左右，汉代则达到17.5%和3%左右。烧制龙窑得以改进，烧成温度约为1260—1310℃。瓷窑与陶窑渐趋分离。龙窑由火膛、窑室和排烟坑3部分组成。依山坡而建，因首尾高差产生抽力能快速提高温度。窑室加长到10

杭州市余杭区瓶窑镇反山出土
东汉原始瓷双系扁壶（中国江
南水乡文化博物馆藏）

米左右，且由低改高，不仅可提高窑温，还可增加烧装量。窑床升高，火膛降低，则可存放的燃料增多，使烧制时间延长。窑内形成半倒焰，又使窑温更加均匀。烟道由一个变为多个，火道、烟囱和室顶下大上小的构造则符合散热原理。制成品胎质致密坚硬，瓷化程度较高，敲击声音清脆。釉层加厚，且均匀紧密。透明性好，0.8毫米的薄片已略微透光。胎体显孔率为0.62%，吸水率只有0.28%。抗弯强度达710千克／厘米。采用器型分段分别成型再粘接成器技术，与过去拉坯成型、线割器底工艺完全不同。造型主要是仿铜礼器的鼎、壶、钟等，注重陈设装饰方面的需求。塑饰多用拍印、划刻、堆塑等方法，纹饰则以水波纹、弦纹、网格纹、窗棂纹、篦纹、三角纹、蝶形纹等为主。

六朝时烧制瓷器的生产技术更成熟。制瓷业形成较大规模，不仅广布吴会地区，而且初步形成各具特色的不同体系。根据釉色差异和唐代以后的行政区划，后人有越窑、瓯窑、婺州窑、德清窑、均山窑等称谓。除德清窑等少数几个窑兼烧黑瓷外，其余瓷窑仅烧制青瓷。青瓷窑场都使用由石灰石和瓷土配成的石灰釉。黑釉则用含铁量很高的紫金土配制。六朝青瓷制造业以越窑为中心，越窑代表了六朝青瓷烧制工艺的最高成就。越窑青瓷玻化度高，透明度高，吸水率低，胎釉结合紧密。越窑主要分布在今浙江绍兴、宁波一带。东吴时的越窑青瓷较多保留东汉瓷的特点。西晋青瓷成就极高，工艺技术、器形种类以及装饰变化都比东吴有明显发展。可能有意识选用了铁、钛含量较高的瓷土作为坯料，使胎烧成灰色，对釉有衬托作用。釉青中带灰，色调沉静，釉层厚而均匀。西晋时形成相对于"陶"的"瓷"的概念，将瓷从陶中独立出来。"瓷"字最早出现在西晋潘岳的《笙赋》："披黄包以授甘，倾缥瓷以酌酃。"缥瓷产于永嘉郡永宁县。东晋青瓷制造普遍化，器物的造

杭州市余杭区临平街道临平山西南出土
西晋越窑青瓷堆塑罐（中国江南水乡文
化博物馆藏）

杭州市萧山区蜀山街道黄家河遗址出土
南朝青瓷鸡首壶（杭州博物馆藏）

杭州市拱墅区半山街道沈家浜遗址出土南朝青瓷莲花碗（杭州
博物馆藏）

型装饰逐渐趋向简朴。南朝时越窑的分布范围进一步扩大，但基本沿用两晋制造工艺。六朝青瓷普遍采用龙窑烧制。起初陶、瓷同窑共烧，以后逐渐分离。窑炉结构和装烧技术因时代不同而有所改进。总体而言，窑身由宽短变成狭长，由统烧改为分段烧，窑床斜度由前缓后陡变成10°以上平斜，窑型由不定型逐步定型，且随着窑炉的改变和烧制技术的提高，窑具设计也有改进，从而增加了装烧数量和提高了成品质量。

唐代越窑青瓷工艺水平达到巅峰。晚唐人陆龟蒙《秘色越器》诗云："九秋风露越窑开，夺得千峰翠色来。好向中宵盛沆瀣，共嵇中散斗遗杯。"越窑青瓷故又有"秘色瓷"之称。但何谓"秘色"曾长久为谜。南宋人周辉《清波杂志》卷五云："越上秘色器，钱氏有国日供奉

慈溪市上林湖荷花蕊窑
址出土凤头壶（浙江省
文物考古研究所藏）

杭州市临安区明堂山水邱氏墓出土越窑青瓷褐彩如意云纹带座镂孔熏炉（临安博物馆藏）

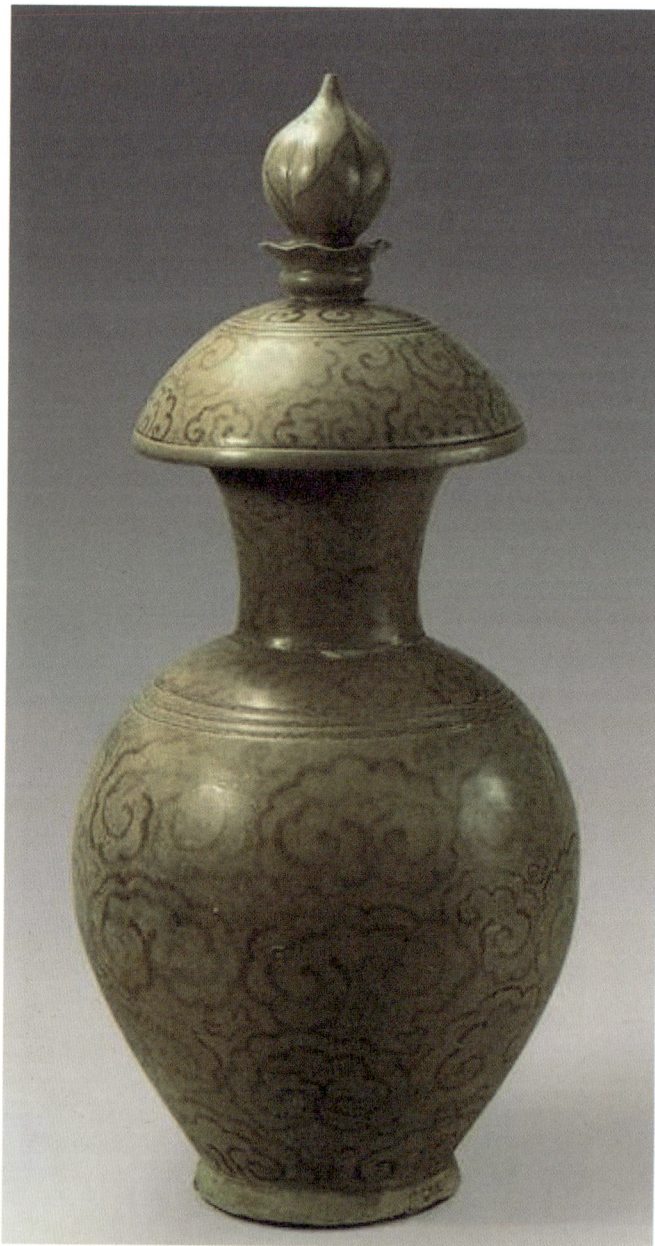

杭州市临安区明堂山水邱氏墓出土越窑青瓷褐彩云纹盖罂（临安博物馆藏）

杭州市临安区明堂山水邱氏墓出土越窑青瓷褐彩云纹油灯（临安博物馆藏）

杭州市临安区明堂山水邱氏墓出土越窑青瓷莲花碗（临安博物馆藏）

杭州市临安区明堂山水邱氏墓出土"新官"款白瓷扣金连托把杯（临安博物馆藏）

之物，不得臣下用，故曰'秘色'。"宋人赵令畤《侯鲭录》、曾慥
《高斋漫录》、叶寘《坦斋笔衡》也有相似记载。1987年陕西省扶风县
法门寺塔基地宫出土14件瓷器，其中13件在同时出土的《监送真身使随
真身供养道具及恩赐金银衣物帐》碑中明确记载为"瓷秘色"，秘色瓷
的神秘面纱始被揭开。秘色瓷呈天青或淡黄绿色，以天青色为正宗。
表观多素面，晶莹幽净。胎壁薄匀，造型端庄。有的采用金银脱、金
装瓷、金银扣工艺，开金银装饰瓷器之先河。器形有盘、碗、瓯、碟、
杯、钵、釜、盂、盒、瓶、罐、灯盏、唾壶、熏炉等。烧造工艺有如下
特点：一是瓷土以专门的粉碎、淘洗、腐化、捏练工艺处理，胎质致密
坚硬；二是釉料高度提纯，且施涂均密，烧成后玻化度高；三是以瓷质
匣钵密封装烧而使釉中的氧化铁还原充分，还原度高的呈天青色，还原
度低的青中泛黄。越窑青瓷的发展经历了四大窑址群为代表的4个高峰
期，即先秦及秦代的钱唐县北（后属武康县，今属德清县）窑址群、汉
代至六朝的上虞县窑址群、唐代至北宋的余姚县上林湖（今属慈溪市）
窑址群、南宋至元明的龙泉县窑址群。越窑青瓷成熟于东汉中晚期，
鼎盛于唐宋，北宋晚期衰落。上林湖一带已发现窑址115处。2015年至
2017年浙江省文物考古研究所对其中的后司岙遗址进行发掘，确认为秘
色瓷生产中心。该遗址被评为2016年度中国十大考古新发现。唐代盛行
饮茶之风，加之对外贸易需要，又政府屡禁铜器，越窑青瓷受刺激而快
速发展。陆羽《茶经》卷中《四之器》谓："碗：越州上，鼎州次，婺
州次，岳州次，寿州、洪州次。或者以邢州处越州上，殊为不然。若邢
瓷类银，越瓷类玉，邢不如越一也；若邢瓷类雪，则越瓷类冰，邢不如
越二也；邢瓷白而茶色丹，越瓷青而茶色绿，邢不如越三也。晋杜毓
《荈赋》所谓'器择陶拣，出自东瓯'。瓯，越也。瓯，越州上。口唇

杭州市上城区郊坛下窑遗址出土官窑青瓷簋式炉（南宋官窑博物馆藏）

杭州市上城区老虎洞遗址出土官窑青瓷鼎式炉（杭州博物馆藏）

杭州市上城区老虎洞遗址出土官窑青瓷盏托（杭州博物馆藏）

不卷，底卷而浅，受半升已下。越州瓷、岳瓷皆青，青则益茶。茶作白红之色。邢州瓷白，茶色红；寿州瓷黄，茶色紫；洪州瓷褐，茶色黑。悉不宜茶。"越窑青瓷不仅为茶具之上品，也为乐器之尊品。《茶经》中提到的瓯是可用于作乐的茶碗酒盏。以击瓯为主的艺术表现形式称为"瓯乐"或"水盏之乐"。唐代瓯乐活跃于茶楼、酒馆、梨园、乐坊等场所，还出现了郭道源、吴缤、马处士、步非烟、曹小妓等专攻瓯乐的演奏家。许多地方建造击瓯楼以供瓯乐演奏。中唐时上林湖越窑秘色瓷成为朝贡珍品，瓯乐随之进京，并得到系统发展，深受百姓和士人青睐。通过"海上陶瓷之路"，瓯乐还传到印度、土耳其等地。晚唐人段安节《乐府杂录》、北宋人陈旸《乐书》和南宋人马端临《文献通考》、明人王圻三《图会》等专著对瓯乐的编排及演奏技巧有详细介绍。段安节《乐府杂录·击瓯》记述："郭道源后为凤翔府天兴寺丞，充太常寺调音律官，善击瓯。率以邢瓯、越瓯共十二只，旋加减水于其中，以箸击之。咸通中有吴缤洞晓音律，亦为鼓吹署丞，充调音律官，善于击瓯。"

越窑瓷器在吴越国时期维持高水平发展。今杭州市区陆续发现多座吴越国王室成员墓，如上城区玉皇山钱元瓘墓、施家山钱元瓘妃吴汉月墓、临安区锦城街道钱镠父钱宽和母水邱氏墓、马王后康陵、钱镠第十九子钱元玩墓等，出土了大量价值极高的越窑瓷器精品，特别是最有代表性的秘色瓷。秘色瓷的工艺水平远远超过唐代。器型有罍、壶、碗、盘、洗、碟、缸等。胎质细腻坚致，釉层均匀滋润，呈半透明状。釉色以青色和青绿色为主。有的施釉下褐彩或刻画莲瓣、云纹，有的金扣边或涂金。水邱氏墓出土油灯、香炉、盖罍、葵口碗、双系罐、四系坛、粉盒等25件越窑秘色瓷，其中油灯、香炉和盖罍均绘有釉下褐彩如意状云纹。另还出土17件白瓷，造型优美，胎色纯白细腻，且胎壁坚薄，一般仅2毫米。有的器口和圈足有金扣或银扣。秘色瓷原专供吴越国皇室，后来也成为贡品。每年进贡可达数千数万件，钱俶时有一次竟达14万件之巨。

宋代两浙陶瓷业在全国占有重要地位，南宋官窑瓷器是当时全国生产工艺最为先进、质量最高的瓷器之一。南宋在临安重设官窑，先后设内窑（修内司窑）和郊坛下窑。经多年考古研究，老虎洞遗址被许多学者认定为修内司窑遗址。1998年、2001年对老虎洞遗址进行的两次考古发掘，均被评为当年全国十大考古新发现之一。老虎洞遗址位于凤凰山与九华山之间的山岙中，出土器物种类十分丰富，主要有碗、盘、碟、洗、盏、盏托、杯、箸架、钵、罐、盒、盆、花盆、瓶、壶、炉、尊、觚、筒形器、器盖及器座等21大类，以碗、盘和瓶的数量最多。每类器物又有多种造型，以瓶、炉最为明显。装烧方法既有裹足满釉支烧，也有底足刮釉垫烧，部分器型与北宋汝窑或北宋官窑非常接近，体现承继关系。这些文物不仅反映出南宋对御用瓷器生产控制的逐步加强，更说明南宋重设官窑与生产祭祀用瓷有着密切关系。老虎洞官窑共发现2座龙窑和3座马蹄形馒头窑。郊坛下窑址位于闸口乌龟山和桃花山之间的山岙中。发现2座长条斜坡式龙窑。窑砖质地厚实细坚，建筑规整，是民间窑炉的改进型。由于破坏严重，出土器物完整的很少，能复原的也不多。其中开片釉瓷片约占全部瓷片的85%。参照传世品复原的有23类70多种。既有碗、盘、碟、盏、杯、尊、觚、壶等饮食器皿和罐、钵、坛等盛贮器，也有唾盂、熏炉、灯盏、盆、盒、水盂、笔洗等日用品，还有一些仿照古代铜、玉器形制的花瓶、香炉、花盆等祭器和陈设用具以及鸟食罐、象棋（模与范）、弹丸等。陶宗仪《南村辍耕录》卷二九

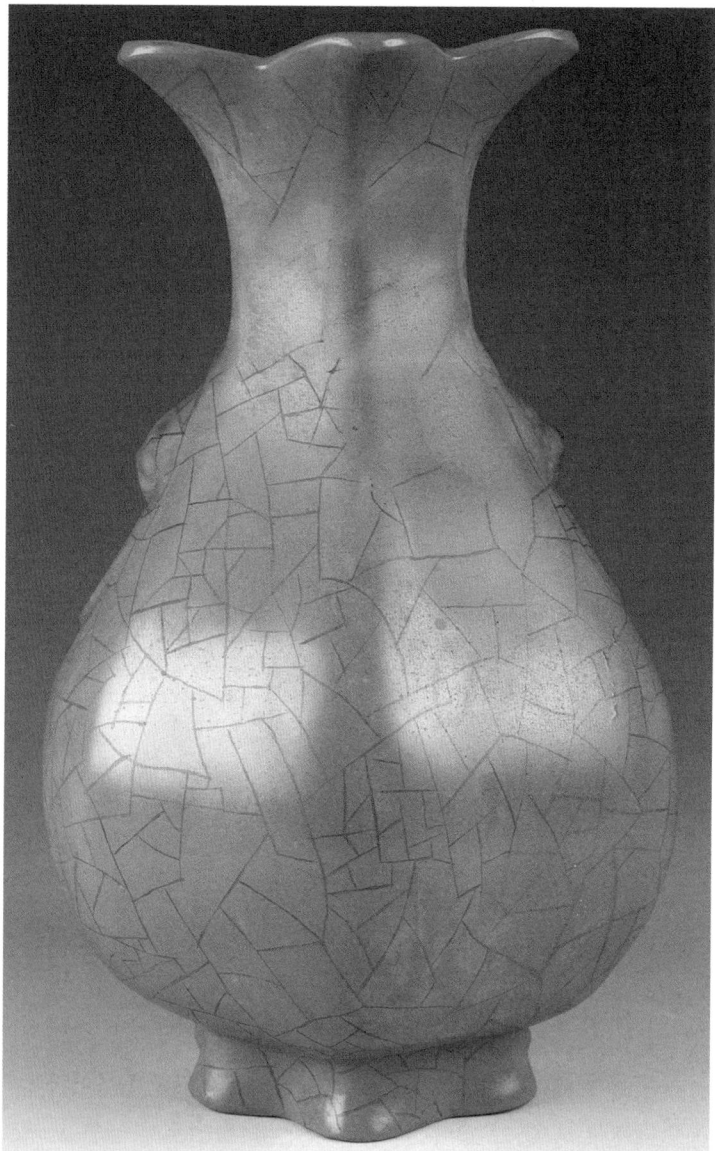

杭州市上城区郊坛
下窑遗址出土官窑
青瓷花口壶（南宋
官窑博物馆藏）

《窑器》引宋叶寘《坦斋笔衡》，南宋官窑烧制的瓷器"澄泥为范，极其精致。釉色莹澈，为世所珍"。采用坯体素烧、多次上釉的工艺，即第一次素烧→第一次上釉→第二次素烧→第二次上釉→第三次素烧→第三次上釉→第四次素烧→第四次上釉→入龙窑烧成。素烧可以提高坯体的机械强度，减少变形。每次上釉的厚度不超过0.5毫米，经过2～4次反复达到1毫米以上。这种工艺成本极高。明初人曹昭《格古要论》卷下云："宋修内司烧者，土脉细润，色青带粉红，浓淡不一。有蟹爪纹，紫口铁足。色好者与汝窑相类。"又明人高濂《遵生八笺》卷一四《论官哥窑器》云："官窑品格大率与哥窑相同，色取粉青为上，淡白次之，油灰色色之下也；纹取冰裂鳝血为上，梅花片墨纹次之，细碎纹纹之下也。"南宋官窑既继承了北宋开封官窑、河南汝窑等北方名窑釉质浑厚、造型端庄简朴的特点，又吸收了南方越窑、龙泉窑等的薄胎厚釉、釉面莹沏、造型精巧之风格，具有典雅、神秘之自然美，成为中国青瓷史上的高峰。

日本晚期茶道器具"天目碗盏"或"天目瓷"北宋时由天目山寺院传出。日本出版的《世界百科大辞典》云："'天目'为黑色及柿色铁质釉彩陶瓷茶碗的统称。镰仓时代建久三年（1192）至元弘三年（1333）的141年间到中国宋朝的禅僧归国时带回，始传到日本。此类茶碗系禅僧修行地——中国天目山寺院日常使用，故称'天目'。"学界较公认的是建武二年（1335）在日本出现，室町时代（1392—1573）大量输入。1941年11月9日天目书院院长张凤在天目书院办的《民族日报》发表《天目考古录》一文，介绍在於潜县绍鲁乡发掘北宋瓷窑发现天目瓷的情况。截至1944年6月，天目书院收集到陶器146件、瓷器264件。时任天目书院导师的蒋大沂考订，北宋时日本僧人曾到天目寺学习制瓷工艺，将天目瓷传到日本。1982年在原於潜县境今杭州市临安区凌口乡、绍鲁乡和西天目乡发现天目山窑址群，共24处。2013年杭州市文物考古研究所和临安市文物馆在以往工作的基础上联合对天目溪上游的东关溪和丰陵溪沿线33处瓷窑址进行深入调查，探明天目山窑址主要分布在东关溪和丰陵溪交汇处，以山脊和敖干水库为界分为东、西两个窑区，分布面积约6平方千米。天目山窑烧造黑釉、青釉和青白瓷。"天目碗盏"主要指黑釉瓷，其釉质有金兔毫、银兔毫、鹧鸪斑、油滴斑、玳瑁、青丝、繁星、鸡血斑、满天星等，器型有碗、盘、瓶、盏、盅、壶、罐、炉、灯等。采用刻花、划花、印花、点彩及堆塑等工艺，饰有许多文字。当时出口到日本的还有类似的建阳窑、吉州窑等产品，但统称"天目碗盏"，可见天目山窑具有代表性。根据对器物形制和胎釉、装饰特征的研究，天目窑址的烧造年代应始于北宋，盛于南宋，衰于元代。"天目瓷"烧造时间长、装烧方法独特、装饰工艺精湛、产品类型多样，具有十分独特和审美性征。

元代杭州的陶瓷业承续南宋发展，生产水平较高。南宋官窑遗址老虎洞窑址南宋文化层上出土大量元代瓷器碎片和窑具。这些瓷片与南宋瓷片相比胎体厚重，以灰色为主，黑色次之。釉色以米黄、灰青、月白等为主，部分器物口沿饰青色釉。大部分玻化度较高。其中洗、盘等胎色灰黄，胎体较厚，施米黄釉，釉面有细碎开片，满釉支烧，特征与哥窑相似。两者的化学成分和显微结构都显示高度一致。以支烧为主，垫烧少见。可复原器形以小型者为主，如碗、瓶、盘、洗、杯、器盖、鸟食罐等。个别器底釉下有褐彩"官窑"2字。窑具很大，有匣钵、支烧具和垫烧具。有的支烧具上有模印的文字和动物图案，文字为八思巴文或汉字"大吉""之""元"等，动物图案有模印的虎、鹿等。

铸钱与钞引

环太湖地区最早出现铜器的是马桥文化，但出土数量极少，且仅含微量锡、铅等元素，说明尚未掌握合金技术。吴会地区在西汉刘濞为吴王时得到极大发展。《史记》卷一〇六《吴王濞列传第四十六》载："吴有豫章郡铜山，濞则招致天下亡命者盗铸钱，煮海水为盐，以故无赋，国用富饶。""以铜盐故，百姓无赋。"吴、会稽、丹阳三郡交界地带的鄣山即鄣县（今浙江省安吉县）一带是当时江南主要的产铜区之一。以至东汉末、东吴初此处因山出铜铁，可自铸甲兵。除鄣山外，今建德市也有铜矿。《元丰九域志》卷五《两浙路》载："铜官山，《新安记》云：'秦时于此置官采铜，因以名之。'"《明一统志》卷四一《严州府》载："铜官山，在府城西八十里。秦时于此置官采铜。今无。"西汉时"丹阳铜"曾一度称名于世。汉镜《簠斋藏镜》有铭文谓："汉有嘉铜出丹阳，炼冶银锡清而明。"类似铭文在许多汉镜中出现。南宋《嘉泰吴兴志》卷四《山》载西汉丹阳郡产铜之山有五：（1）"铜山，在（归安）县西南九十五里，高三百尺。《括地志》云吴采鄣山之铜，即此山也。山西属安吉，去安吉县治三十里。"（2）"武康山，在归安县西十五里，名铜官山，唐天宝六年（747）

杭州市拱墅区半山街道沈家浜遗址出土东汉铜镜（杭州博物馆藏）

敕改焉。《舆地志》云：铜官山下有两坎，深数丈，方圆百尺，古采铜之所。"（3）"石郭，《吴兴记》云：石郭山，在故鄣南五里……《舆地志》云：石郭山，昔吴采鄣山铜以铸钱。即此山。"（4）"铜岘山，在（武康）县西四十九里。《山墟名》云：铜岘，前溪之发源，吴王采铜之所。"（5）"市亭山，在德清县西南二百步。《吴兴记》云：……山出铜器，大者容三十石，小者容二十石，名之曰碋。"吴王刘濞采铜主要是为了铸钱。1992年萧山闻堰街道三江口村压湖山山腰采石场发现一装有"大泉五十"叠铸铜母范、"大泉五十"铜钱、金属锤子的陶器，不过此钱为不能流通的次品。秦汉时期的铸钱工艺有石范铸钱、陶范刻字、单范浇铸及铜母范叠铸数种，其中以铜母范叠铸最先进。秦汉时的铜器用量在逐步减少，生产工具和兵器逐渐为铁制品代替，日用品则逐渐为陶瓷品代替。只有铜镜一枝独秀。会稽郡当时是全国的铜镜制造中心。

较早开发的冶铜技术是火法炼铜。火法炼铜始于商代，原理是将铜矿石逐渐富集成铜，有两种工艺。一是将氧化铜矿（孔雀石、芝铜石）与木炭溶剂配伍分批放入熔炉，在1100℃左右的温度下还原成金属铜，即所谓"还原熔炼"。此法效率较低，浙江无此类炼铜记载。二是先将硫化铜矿物（黄铜矿、辉铜矿、斑铜矿）进行氧化熔烧，在750—800℃的条件下进行氧化反应，变金属硫化物为金属氧化物，然后再入炉熔炼，还原成金属铜，即所谓"冰铜熔炼"。冰铜熔炼虽较还原熔炼复杂，但原料损失较小，且硫化矿蕴藏量比氧化矿丰富很多，可以进行大规模冶炼生产。浙江有记录的古代炼铜工艺大多采用此法。西汉文献中又有湿法炼铜（胆铜法）工艺记载，如《淮南万毕术》云"曾青得铁则化为铜"，《神农本草经》卷中《玉石部中品》称石胆"能化铁为铜"。秦汉时期的冶铁技术发展较快，如白口铁退火、展性铸铁、脱碳铸铁、铸铁脱碳钢、生铁加热到半熔化状态吹入空气炒钢等。产品有白口铁、灰口铁、麻口铁等铸造品。西汉中期至东汉是冶铁技术的成熟阶段，基本工艺是生铁冶铸—脱碳退火。冶铁技术是在冶铜技术的基础上发展的。

六朝时今杭州市域的矿冶业有新的发展。今建德市新安江街道的岭后铜官峡一带有铜矿分布。《元丰九域志》卷五《两浙路》云："铜官山，《新安记》云：'秦时于此置官采铜，因以名之。'"六朝时进一步开发。东吴时的铜器制造业非常发达，尤其是铜镜铸造工艺极盛。其数量之多远非其他地区能比，在中国工艺美术史上占据重要地位。浙江考古发掘中发现大量刻有黄武、黄龙、嘉禾、赤乌、建兴、太平、永安、甘露、宝鼎等东吴年号的神兽镜和画像镜，有的刻有产地和工匠姓氏，说明已有商标意识。东吴工匠还东渡日本，将神兽镜和画像镜相结合，铸造了神兽镜为主要特征的三角缘神兽镜。东晋南朝时铜器制造业逐渐式微，但钢铁制造业仍很发达，还发明了将生铁与熟铁混炼的灌钢技术。东吴时矿冶业已有官、私之分。"江南诸郡县有铁者或署冶令，或署丞，多是吴所置。"世族占山固泽所经营的重要一项就是冶炼。其铸造的生产工具等不仅自用，也投放市场。南朝史籍中的"冶"往往即指鼓铸场所。

隋唐时期浙江的冶铜业继续发展。余杭、建德、淳安是重要的铜矿采冶处。《民国遂安县志》卷一《方舆·山》载，洪铜山在"县南七十里。唐天宝八载尝置场采铜。民苦之，因废"。1970年，淳安县铜山铁矿筹建处的工人曾在铜峰山发现铜矿采冶遗址，遗址分为老矿洞、摩崖题记、冶炼炉基和矿渣堆积4部分。老矿洞共发现4处，均在海拔600—700米的山腰，距洞口水平深度70—80米，有竖井、斜井、平井等。洪铜山尖头岩西麓的石壁上有摩崖题记："大唐天宝八年开山垆取铜至乾元元年七月，又至大历十年十又二月再采，续至元和四年。"这一遗址是浙江省已发现的唯一古代铜矿采矿并冶炼遗址。当时浙江是全国主要的金属矿产采冶地区之一，且处于采冶繁盛期。由于开采量较大，也面临资源匮乏危机。铜峰山铜矿在唐代几度废置变迁，以后不再见开采记录。

　　冶铜业的发展促进了杭州铸钱业的兴起。《旧五代史》卷一四六《志八·食货》载："饶州置永平监，岁铸钱；池州永宁监、建州永丰监，并岁铸钱；杭州置保兴监铸钱。"南宋人马端临《文献通考》卷九《钱币考二》也载："杭州有宝兴监，后并废之。"宝兴监设在钱塘江畔。《乾道临安志》卷二《钱监》载："大唐宝兴铸钱监，在龙山相近。《吴郡图经》曰：'每岁官取长洲县白墡土为钱塘铸钱监用。'今借田园，乃故基也。旁有长生水池。大中祥符九年五月戊申江淮、两浙发运使李浦言：'饶、池、江、杭四州钱监每岁共铸钱一百二十万贯，用铜四百五十三万斤。'"钱监设在龙山，主要考虑便于原材料和铸成的钱币在钱塘江运输。苏轼《乞相度开石门河状》云："自衢、睦、处、婺、宣、歙、饶、信及福建路八州往来者皆出入龙山，沿溯此江。江水滩浅，必乘潮。"《祥符州县图经》称，阳山出白墡，每岁取万余斤为宝兴监铸钱之用。《吴郡图经续记》卷中云："阳山在吴县西北三十里，一名秦余杭山，一名四飞山，有白垩，可用圬墁，洁白如粉。唐时岁以供进，故亦曰白墡山。"

　　吴越国的矿冶业也颇为发达。据文献记载，吴越国向中原王朝的贡物中有大量金、银器。据吴任臣《十国春秋》卷八二《吴越六·忠懿王世家下》所记，钱俶贡北宋仅金、银即分别达到9.5万多两和119万两。吴越国墓葬所见金银器也很多。2001年雷峰塔遗址出土文物中有铁函、金银器、鎏金铜器等10类，以金银器为主。金银器主要有食器、盛贮器、服饰用具、装饰构件和宗教用具等。吴越国也曾在杭州置钱监。后晋开运三年（946）钱佐提出铸铁钱，只因弟衙内都虞侯钱亿等人竭力反对而没有实施。后周显德四年（957）置监并铸钱。《玉海》卷一八〇载："太祖平吴，因旧制开监于鄱阳。钱俶入朝，又得杭州钱监。寻废。"《文献通考》则载："五代相承用唐钱……两浙、河东自铸铜钱，亦如唐制。"

北宋进入铁钱鼎盛期，东南地区的铸钱业也进入新的发展阶段。《宋会要辑稿·食货一》记载了26个铜、铁铸钱监，规模都很大，一般有数百名工人，分工精细。《宋史》卷一三三《志第一百三十三·食货下二》载："后乃诏京西、淮南、两浙、江西、荆湖五路各置铸钱监。江西、湖南十五万缗，余路十万缗为额，仍申熟钱斤重之限。又以兴国军、睦、衡、舒、鄂、惠州既置监六，通旧十六监。"睦州神泉监为北宋27或26铸钱监之一，也是17铜钱监之一，元丰年间（1079—1084）铸钱额达到10万贯。南宋建炎初（约1127）因战争罢废。绍兴二十九年（1159）复置神泉监，三十一年铸钱。绍熙年间（1190—1194）停废。庆元三年（1197）复置。睦州改名后的严州神泉监于淳熙七年（1180）铸背穿有纪年"柒"字的"淳熙元宝"为中国最早的纪年钱。据《淳熙严州图经》卷一《历代沿革·廨舍》记载，神泉监在望云门（朝京门）外。"旧取婺州永康县铜山场铜以铸钱，今取信州铅山县铜锡为之。监官廨舍在监东神泉监。"又睦州铜官山也产铜。铸钱原材料的采集与运输离不开钱塘江水系。铜、铅、锡等原料被定为"榷货"。当时铜器的品种非常丰富，有铜锣、铃铎、铜壶、花器、烛台、马具、铜钟、铙钹等。代表铜器铸造最高水平的是浑天仪。《建炎以来朝野杂记》甲集卷四《浑天仪》载："浑天仪，古器也。旧京凡四座，每座约用铜二万斤。"

唐代后期已出现许多专营钱币存取和借贷的金融柜坊，藩镇设在长安的诸道进奏院和有势力的富商还经营"飞钱"，经营货币汇兑业务。长安还有许多寄附铺，对所寄存的钱物开出的凭证称"寄附钱物

杭州市临安区水邱氏墓出土錾刻鎏金银盖罐（临安博物馆藏）

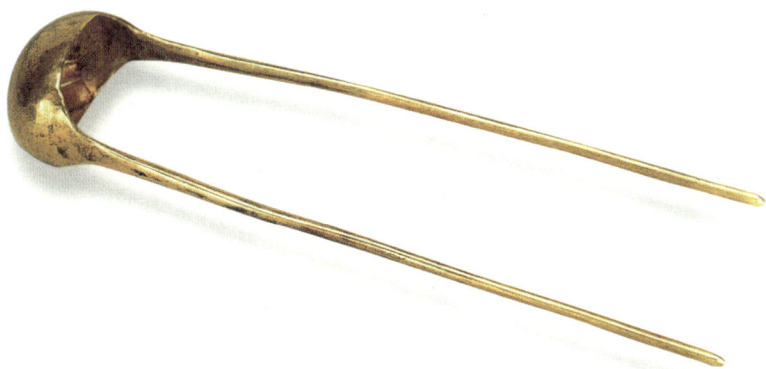

杭州市临安区水邱氏墓出土金钗（临安博物馆藏）

严州（睦州）神泉监铸崇宁通宝、靖康元宝、大观通宝、隆兴元宝、乾道元宝、淳熙元宝

杭州中东河工地出土"韩四郎十分金"金铤（杭州博物馆、萧山博物馆藏）

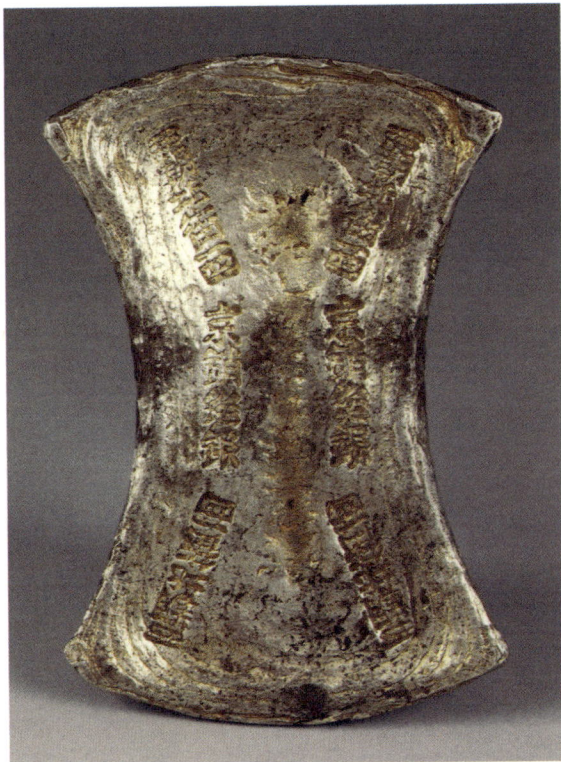

银铤（南宋钱币博物馆藏）

会子"。北宋时出现种类繁多的信用票据和信用货币，如茶引、盐引等期票类交引和交子、会子等汇票类兑换券。北宋真宗时成都16家富户主持印造纸币交子，代替铁钱使用，这是世界上最早的纸币。仁宗后改归官办，定期限额发行。徽宗时改名钱引，并扩大流通领域。但政和三年（1113）诏令禁止。南宋初年临安民间又发行"寄付兑便钱会子"。"寄付"即"寄附"。绍兴五年（1135）诏令禁止寄付兑便钱会子出

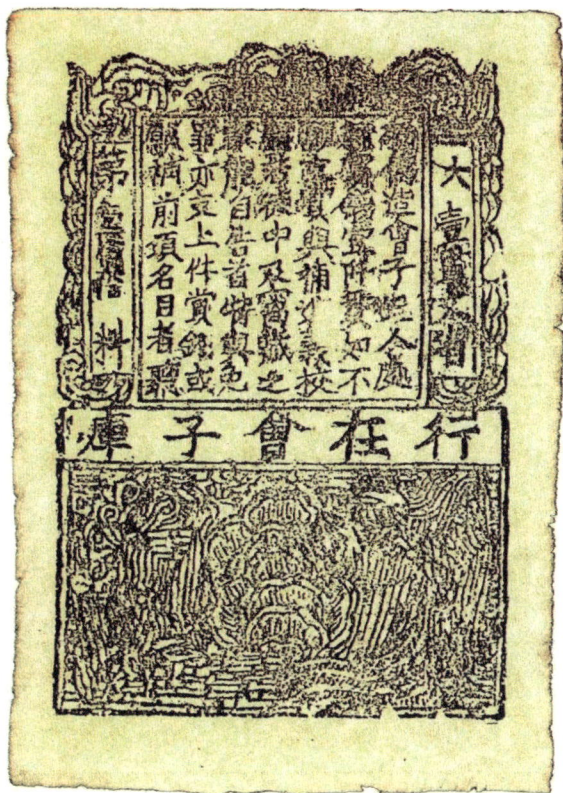

南宋行在会子库钞版（中国
历史博物馆藏）

城，受到居民反对，次日即取消了禁令。绍兴三十年二月钱端礼知临安
府，将原由富户主持的便钱会子收为官营，许于城内外与铜钱并行。七
月钱端礼为户部侍郎，会子也由户部接办，于次年二月设立行在会子
务进行管理。乾道四年（1168）改会子务为会子库，地址在通江桥东。
据《梦粱录》卷九《监当诸局》记载，会子库在榷货务，隶都茶场，
有工匠200余人。会子面额最初为1贯，隆兴元年（1163）增发200文、

300文、500文3种。乾道四年（1168）定3年为1界，界满收回，再次发行。后每界展至9年，会子数量大增。先后发行过18界。为杜绝伪造，淳熙十三年（1186）诏令伪造者处死，较好地杜绝了伪造现象。《监当诸局》又记载："交引库在太府寺门内，专印造茶盐钞引，遂请丞簿签押。"卷九《诸寺》称大府寺在保民坊内，即今城隍牌楼巷内。绍兴元年婺州屯兵，因水路不通军需输送不便，乃造关子。商人在婺州换取关子，赴临安向榷货务领取现钱或茶盐香货钞引。后在两淮、湖广等地扩大发行。又临安府发行一种形制特殊的铸币，称"钱牌"。其正面有"临安府行用"字样，背面标明币值。铜质有"准贰佰文省""准叁佰文省"和"准伍佰文省"等，铅质有"准壹拾文省""准贰拾文省"和"准四拾文省"等。

盐业与榷酤

浙江在跨湖桥文化时期可能已经发明了海水制盐术。秦汉时期盐业有了较大发展。西汉吴王刘濞充分利用矿产和盐业资源，抓住中央政府对民间私铸钱币政策摇摆的制度空当，以铸钱煮盐迅速积累财富，使区域经济迅速发展。刘濞继夫差开凿邗沟后又主持开凿了上官运盐河，即自扬州茱萸湾到海陵仓再到海安、如皋的运盐河，计长195里。上官运盐河与邗沟是中国大运河渊源之所在。刘濞煮盐的中心在海盐县盐官驻地即后来的盐官县治。

自然经济条件下百姓的一般生活品自给自足，盐、铁等特殊商品则必须通过交换才能获得，故经营这些商品利益巨大。秦代对煮盐、冶铁、铸钱、酿酒等均没有严格管制。虽有官营，对民间也不限禁，不实行专卖。汉初承秦制，允许民间自由经营盐、铁、钱、酒等业。吕后时虽曾一度下令禁榷，但文帝即位后又听任民间自由经营，活跃了商品经济，增加了财政收入，造就了许多大商人。当然也存在一些问题，如资源利用效率不高、纵容地方割据势力发展等。《汉书》卷五九《张汤传第二十九》载，元狩三年（前120）御史大夫张汤"承上旨"，"请造白金及五铢钱，笼天下盐铁，排富商大贾"。汉武帝于次年对盐、铁实行专卖。先后在27郡设盐官35个，在38郡设铁官46个。盐、铁官都统属于中央的大农令（后更名大司农）管理。天汉三年（前68）又采纳桑弘羊等的建议，将专卖的范围由盐、铁扩大到酒。为了保证专卖制度实施，对违反者定罪。新朝时对城市工商业实行"六管"，即官营盐、铁、酒，官铸铜钱，官掌山川大泽，官办王均赊贷。东汉时对专卖有所放松。光武帝将原属大司农的盐官、铁官等改属郡、县，和帝时曾一度废除专卖，但总体上还是维持这种制度。《后汉书》志二八《百官五》论述边郡时云："其郡有盐官、铁官、工官、都水官者，随事广狭置令、长及丞，秩次皆如县、道，无分士，给均本吏。本注曰：凡郡县出盐多者置盐官，主盐税。出铁多者置铁官，主鼓铸。有工多者置工官，主工税物。有水池及鱼利多者置水官，主平水收渔税。在所诸县均差吏更给之，置吏随事，不具员。"浙江不主产盐、铁故当不置盐官、铁官，但少量生产者当受周边盐官、铁官节制。不能否认专卖制度在特殊历史时期的作用，但总体而言弊大于利。桓宽《盐铁论》卷一《禁耕第五》载，盐铁会议上贤良文学曾指出："县官笼而一之，则铁器失其宜，而农民失其便。器用不便，则农夫罢于野而草莱不辟。草莱不辟，则民困乏。"

六朝对酒、盐专卖控制仍很严。东吴在海盐设司盐校尉，东晋吴郡设有司盐都尉。王允之曾任建武将军、钱唐令，领司盐都尉。六朝时杭州湾北岸的海盐、盐官、钱唐等县均产海盐。盐官盐因质地优良特用于蚕桑。东吴承汉制，在海盐设有司盐校尉。设司盐校尉或司盐都尉说明东吴对食盐的经营仍实行专卖管制。但由于世族染指，专卖制度日益松弛。刘宋、南齐、萧梁三代允许民间煮盐，促进了煮盐业的发展。南陈天嘉二年（561），以国用不足立煮海盐赋及榷酤科，即征收海盐税，垄断海盐专卖，说明煮盐业有利可图。

隋初盐池、盐井皆禁私采，开皇三年（583）开禁，废除专卖，并免于征税。唐开元初始议榷盐收税，但各地盐法并不统一。有设军屯生产军用食盐者，有官督私营按等征课者，有按井纳税者，有免租纳盐者。法令疏阔，只不过使盐法从无税转向有税而已。"安史之乱"后，财政陷入困境。天宝十五年（756）颜真卿于河北榷盐以供军需。乾元元年（758）第五琦为盐铁使，初变盐法。《旧唐书》卷一二三《列传第七十三·第五琦》载，"就山、海、井、灶收榷其盐，官置吏出粜。其旧业户并浮人愿为业者免其杂徭，隶盐铁使。盗煮私盐罪有差"，创民制官收、官运、官卖的食盐专卖制度。盐利收入达40万缗。政府还在产盐区设监、院管理盐务。但第五琦的榷盐法存有许多弊端，一则设置盐监、盐院后经营管理成本大增，且滋生腐败，耗损甚多；二则零售价从每斗10文增至110文。宝应元年（762）刘晏任盐铁使兼转运使，再变盐法，行民制官收、商运商销的专卖制度：一是在产区设置4个盐场10个盐监，负责食盐的生产和收购。《新唐书》卷五四《志第四十四·食货四》载，"有涟水、湖州、越州、杭州四场，嘉兴、海陵、盐城、新亭、临平、兰亭、永嘉、大昌、候官、富都十监"。由此切断盐商与盐户的关系，由盐监现场转卖给盐商，准其自由出售。商人如果以绢代钱，每缗加200文。如此既可推销食盐，又可收军用绢帛之利。二是"自淮北置巡院十三，曰扬州、陈许、汴州、庐寿、白沙、淮西、甬桥、浙西、宋州、泗州、岭南、兖郓、郑滑"，负责推销食盐、缉查私盐，兼管不设盐监地区的产销工作。三是在重要地区设置盐仓，常积盐2万石。除卖给商人外，履行平抑盐价的责任。这些措施改善了食盐供应，增加了财政收入。大历末年（779）盐利收入达600万贯。"天下之赋，盐利居半"。李吉甫《元和郡县图志》卷二《淮南道》称，号称诸盐监之首的扬州海陵（今江苏泰州）"盐监，煮盐六十万石。而楚州盐城，浙西嘉兴、临平两监所出次焉"。唐代煮盐方法，《新唐书》卷五四《志第四十四·食货四》有"盐生霖潦则卤薄，暵旱则土溜坟"之说，说明已经采用刮泥淋卤制卤法。《太平寰宇记》卷一三〇《淮南道八》记载刺土成盐法："凡取卤煮盐，以雨晴为度。亭地干爽，先用人牛牵扶刺刀取土。经宿，铺草籍地。复牵爬车，聚所刺土于草上成溜。大者高二尺，方一丈以上。锹作卤井于溜侧。多以妇人、小子执芦箕，名之为黄头，舀水灌浇。盖从其轻便。食顷，则卤流入井。取石莲十枚，尝其厚薄。全浮者全收盐，半浮者半收盐。三莲以下浮者则卤未堪，却须剩开而别聚溜。卤可用者始贮于卤槽，载入灶屋。"刺土成盐法即隋唐时期所采用的刮泥淋卤法。石莲是沉入荷塘底部的老莲子。石莲试卤是继六朝亭场晒泥、土溜滤卤后的又一重要技术发明。结晶方法仍为煎盐。煎盐时用卤桶将卤水由竹溜泻入盘中煎煮。煎煮时投入皂角或明矾、米粉、麻仁等促进结晶。

《新唐书》卷五四《志第四十四·食货四》载，乾元元年（758）第五琦变盐法，"尽榷天下盐，斗加时价百钱而出之，为钱一百一十"。至贞元四年（788），"江淮盐每斗亦增二百，为钱三百一十，其后复增六十"。元和三年（808）盐利收入达到727万贯。杜牧《上宰相求杭州启》一文曾说："杭州户十万，税钱五十万。"晚唐人沈亚之《杭州场壁记》一文称："国家始以输边储塞，不足于用，遂以盐铁榷酤为助。使史曹计其入于郡县近利之地，得为院盐场之署，以差高下之等。顾杭州虽一场耳，然则南派巨流，走闽、禺、瓯、越之宾货，而盐鱼大贾所来交会，每岁官入三十六万千计。"可见当时税负之重。钱镠16岁时曾贩盐谋生，对于盐的生产和销售有深刻认识，因而后来十分重视盐业生产和经营，将杭州周边的盐官、海盐发展为重要的产盐基地。吴越国的盐业经营管理继承唐制而有所发展，唐代便很出名的浙西嘉兴、临平2监进一步提高了经营水平。

宋代杭州及今杭州市域的盐业规模进一步扩大。北宋在临平监置官，设有上管、下管、蜀山、岩门、南路、袁花、黄湾、新兴8场，南宋绍兴三十二年（1162）时增至10场，即仁和买纳场、盐官买纳场、南路袁花黄湾新兴催煎场、茶槽催煎场、钱塘催煎场、新兴催煎场、蜀山催煎场、岩门催煎场、上管催煎场、下管催煎场。此后又新设汤镇、许村二催煎场，总为12场。北宋时纺织业、印刷业、酿酒业等手工业均出现产权明晰的作坊，乃至除了解州、安邑池盐仍由国家直接通过劳役制经营外，四川井盐和两浙、淮东海盐大多也由井户或亭户经营。海盐亭户甚至拥有盐田以及犁、牛等工具。又《梦粱录》卷一〇《本州仓场库务》载："又新兴以下五场，西兴、钱清二场皆隶。"艮山门外设有盐事所、都盐仓两个机构管理盐务。盐事所职掌本地盐政（如盐钞法、和买、盐课收入）及监察诸盐场、盐仓、都盐务公事、捕捉私盐等事，都盐仓是京城储藏食盐的仓库。曾以盐折纳两税。如仁和县盐折税钱700贯342文，折米钱272贯600文。对盐户和盐民的管理采用北宋的亭户灶甲制。严禁私盐，但屡禁不止。南宋时国家不仅对诸如盐业等垄断行业的控制进一步削弱，而且失去了对私营手工业作坊的绝对控制权。宋代海盐生产技术取得巨大进步，主要体现在取卤技术与引潮工程、验卤和煮卤技术、晒盐技术等方面。取卤方法有刮咸淋卤法（包括晒沙淋卤法）、晒灰取卤法、海潮积卤法3种。常棠《澉水志》卷下《碑记门·鲍郎场政绩记》载，采用刮咸淋卤法，"倚海筑场，刮壤聚土，暴曦钓咸，漏窍沥卤，三日功成"。晒灰取卤法包括开场、摊灰、灌灰、晒灰、淋灰等5道工序。赵彦卫《云麓漫钞》卷二云，"淮浙煎盐，布灰于地，引海水灌之。遇东南风，一宿盐上聚灰，曝干。凿地以水淋灰，谓之盐卤"。验卤用的是石莲试卤法。煮卤是制取海盐的最后一道工序，当时盛行竹筒泻卤技术。据郭正忠考证，中国古代的海盐晒制技术并非始见于明代，而是创行于宋末元初。其工序包括砌筑石盘或沙埕、引放卤水等。

元代设9个盐运使司（后改为都转运盐使司），杭州设有两浙都转运盐使司。又沿用宋代办法实行"行盐法"和"食盐法"。产地以外的大部分地区实行"行盐法"，即由盐商向政府纳课换取盐引。江浙地区是产盐区，难以管控，所以实行"食盐法"，即按户口强行抑派盐税。杭州因广集商旅，人口流动性很大，没有实行。

明代仁和县仁和盐场、海宁县许村盐场直接隶属两浙都转运盐使司。萧山县西兴盐场隶两浙都转运盐使司宁绍分司，灶丁增长较多。时人杨鹤《两浙订正鹾规》卷三载，弘治年间（1488—1505）仁和盐场灶户原额2075，万历二十六年（1598）现额1919；灶丁原额3218，现额16966。许村盐场灶户原额1620，现额470；灶丁原额2891，现额3593。西兴盐场灶户原额549，现额409；灶丁原额2523，现额4061。灶丁快速发展与弘治年间实行灶丁免田（杂役）有关。《万历杭州府志》卷一三《征役》载，"每灶丁一人，给草荡九亩或八亩，仍免田二十五亩"。

明代早期在盐业专卖上实行"开中法"。"开中法"沿袭宋、元制度，但宋、元实行此制是为了打击富商"藏褚"货币、活跃商贸，明代则主要出于军事目的，鼓励商人运粮以充实边防。洪武四年（1371）制定开中盐例，规定按里程远近送粮至边地再向政府换取数量不等的盐引。后来贵族、宦官、官僚见盐引有利可图，纷纷奏讨盐引转卖于盐商。明代中叶以后盐课又由本色改为折银征收，余盐则由政府统购改为由灶户自行买卖。灶户在生产和销售方面都获得了一定自主权，由此导致私煎、私鬻、私贩盛行，并出现富灶和穷灶两极分化。政府除发卖盐引外，又另置票引。引商由输粮边境变为纳银运司。由此完全破了"开中法"。盐商分化出边商、内商、水商、山商、牙商、肩贩等，构成了以内商为核心的多元、多层次官盐流通网络。后来内商中又分化出纲商。纲商控制着盐引卖买，垄断专卖权，打破了政府一统盐业的生产流通格局。明代成化以前徽商主要经营文房四宝、漆、木和茶叶。成化后破"开中法"，将向边区输粮换盐引改为盐区纳粮换引，包括浙江在内的产盐区成为盐商集聚中心。徽商占人地之利，逐渐以经营盐业雄飞商界，抢占了晋商、陕商的市场，进入发展的黄金时代。汪道昆《太函集》卷五四《明故处士溪阳吴长公墓志铭》云："吾乡贾者，首鱼盐，次布帛。贩缯则中贾耳。"其中许多盐商在两浙经营。李维祯《大泌山房集》卷六九《许光禄本传》、卷二八《朱介夫传》、卷三六《吴汝拙传》、卷三九《世叔十一府君传》、卷四二《明故程母汪孺人行状》云，许光禄"用盐策贾武林"。朱介夫"父性山，盐策客武林"。吴汝拙，"其贾盐策，三岁一更，则又徙钱塘"。汪道昆"自大父亢贾始宗盐……世大父……徙武林，业起"。程长公"以盐策贾浙江"。《歙县溪南江氏族谱·明赠承德郎、南京兵部车驾署员外郎、主事江公暨安人郑氏合葬墓碑》云，江终慕初从兄在钱塘为下贾，后经商青、齐、梁、宋等地，发财后"归而治盐策钱塘"。又《民国歙县志》卷九《人物志·义行》云，叶道传官至户部云南司员外郎，却辞官客籍仁和，"隐盐业中"。盐商在杭州主要聚居于盐桥附近的贺衢，因此贺衢有"徽州弄"之称。

场灶煮盐图（资料来源：宋应星：《天工开物·作咸第五》）

明代两浙都转盐运使司岁办额盐约22.04万大引，每大引400斤，共约8800余万斤。当时全国岁额约为4.6亿余斤，两浙接近全国的20%。弘治年间（1488—1505）改大引为小引，每小引200斤，两浙岁办额盐变为44万余引，实际数量未变。仁和、许村盐场岁课万历时分别为26857520斤和20470500斤，合计47328020斤，大致是两浙岁额的一半，全国岁额的10%，可见地位之重要。西兴盐场岁课6609800斤。两浙125处行盐之地引商乐于贩运者仅36处。浙江多丘陵山地，不少偏僻地区一般引商不愿跋涉贩运。官盐不通，冒禁私贩者乘机占领市场。嘉靖八年（1529）巡按浙江道监察御史王化奏准，允许山商自卖食盐。规定每百斤纳银8分，给票行盐。盐引由户部发，而盐票由都转盐运使司发。此制使普通百姓也可参与食盐贩卖。而实际上票盐行销并不止偏僻之地，范围相当宽泛。万历十九年（1591）仁和、钱塘两县共有票盐（小票，每票100斤）8万张，税银总额4000两（每票税银0.05两），共计行盐80万斤。明代两浙盐商中以徽商居多，著名的如歙县汪道昆家族，其后又有歙县许氏、休宁朱氏等家族。万历二十八年（1600）两浙巡盐御史叶永盛应徽州盐商汪文演、吴宪之请，奏请徽籍子弟占籍应考，礼部允准。此后至有清一代徽州盐商在杭州形成势力。约在正德以后两浙地区各盐场大多采用新的煎盐方法。《崇祯松江府志》卷一四载，盐灶为"一灶四锅，首锅近火，末锅近突，煎之竟日。而首锅之卤成盐，遂取首锅盐，余三锅将成未成者，以次运入首锅，而盐悉首锅成矣……每煎一次，可得盐二百斤，多者可三百斤"。这种煎盐灶的特点是各锅相连，热能得到充分利用，且加快了煎盐速度。两浙地区晒盐约出现在明代中叶后。晒盐全靠蒸发，不需柴薪，盐质也洁净细腻。不过由于受气候条件限制，产量远不及煎盐。

茶道与雅生活

　　虽然不能肯定六朝时钱塘江流域采摘野生茶是否已经比较普遍，但东吴时上层社会已逐渐流行饮茶，东晋开始在全社会普及，有的还佐以茶点。在食物日益丰富的基础上，筵席（宴席、筵宴、燕饮）的礼仪、陈设、席位以及茶、酒摆设也逐渐形成制度，强化了席面编排、肴馔制作、接待礼仪和宴饮情趣。

　　中唐以前钱塘江流域的茶树仍以散植为主。建立茶园必须在整治土地上投入大量劳动，茶树种下后还须经常性中耕除草，并进行修剪。茶叶采摘时间性很强，需要在短时间内集中大量劳动力。茶叶加工则要求相当的技术和一定的设备。因此，茶业生产需要较多人力、较高技术和多个生产环节。唐代以前山地丘陵多未开发，更主要的是水稻种植与采制茶叶在时间上的冲突，因而尚未人工种茶。另外，由于茶树要栽种三四年后始可采摘，七八年后方有盈利，需要在比较长的时间内预垫相当大的资本，所以在生产率不高的条件下发展茶业经济很困难。入唐以后，农业生产力和生产技术有了较大提高，且通过采用移植技术种植中、晚稻推迟水稻生产大忙节令等方式，基本解决了采茶与种稻的矛盾，同时，种茶时间、茶园选择、茶籽催芽播种、施加底肥、中耕除草、追肥灌溉、茶叶采摘等诸多方面也形成了较为系统的经验。更为关键的是建中元年（780）实行两税法，征收赋税时多折钱帛，推行以钱纳税等，这一系列因素，对于以价值生产为目标的茶叶等生产刺激甚大。自唐代中叶以后，铜钱的流通日渐扩大，绢帛日益受到排挤，"钱帛兼行"的局面逐渐终结。其基本原因是唐初以来经济发展使社会分工有所扩大、商品种类有所增加，市场交换向前推进了一步。最突出且具代表性的即是茶叶产量的增加及其市场的开拓。商业资本大量从绢帛转移过来。德宗时人封演《封氏闻见记》卷六《饮茶》云："自邹、齐、沧、棣渐至京邑城市多开店铺，煎茶卖之。不问道俗，投钱取饮。其茶自江淮而来，舟车相继。所在山积，色额甚多……始自中地，流于塞外。往年回鹘入朝，大驱名马，市茶而归，亦足怪焉。"到天宝、贞元之际（742—804）钱塘江流域种茶已相当普遍。成书于中唐的《茶经》有了"茶园"的记载，撰于唐末的《四时纂要》比较全面地记载了茶树的种植技术。唐以前饮茶是"生煮羹饮"，尚未形成制茶技术。中唐代宗时义兴（今江苏宜兴）出现茶试贡才有真正的制茶工艺滥觞。唐代发明蒸青法、炒青法杀青，提高了茶的香味。《茶经》卷下《八之出》列举了茶叶产地8道43州。浙西以湖州上，常州次，宣州、杭州、睦州、歙州下，润州、苏州又下；浙东以越州上，明州、婺州次，台州下。《径山志》卷一《大觉国一贞元祖师》载，天宝元年（742）释法钦结茅径山，大历三年（768）代宗礼请其进京。次年释法钦力请南还径山，代宗诏杭州府于径山建径山禅寺。现在流传的径山茶为唐代以后的烘青茶，唐代径山茶的制作方法不见记载，或为炒青茶。径山茶当属天目山茶一系，品级或更高。吴越国茶叶种植、制作技术延续唐朝，但品种、数量有了增加。当时向中原王朝进贡的数量动辄数万斤，远远超过唐代。进贡中原王朝的茶有屯茶、建茶、睦州茶、大方茶、细茶、脑源茶等，比唐代有明显增加。其中屯茶、建茶出自今福建，其他可能都出自今浙江。

唐代饮茶普及，王溥《唐会要》卷八四《杂税》乃谓："茶为食物，无异米盐。人之所资，远近同俗。既祛渴乏，难舍斯须。田间之间，嗜好尤切。"李肇《唐国史补》卷下载："风俗贵茶，茶之名品益众。剑南有蒙顶石花或小方，或散牙，号为第一。湖州有顾渚之紫笋，东川有神泉、小团、昌明、兽目，峡州有碧涧、明月、芳蕊、茱萸簝，福州有方山之露牙，夔州有香山，江陵有南木，湖南有衡山，岳州有浥湖之含膏，常州有义兴之紫笋，婺州有东白，睦州有鸠坑，洪州有西山之白露。寿州有霍山之黄牙，蕲州有蕲门团黄，而浮梁之商货不在焉。"释皎然《饮茶歌诮崔石使君》率先提出了"茶道"一词："熟知茶道全尔真，唯有丹丘得如此。"陆羽在苕溪一带撰著《茶经》，形成较系统的茶学、茶艺、茶道思想。《茶经》非仅述茶本身，也是中国茶文化的奠基性著作。隋唐佛教、道教文化则助推茶文化发展。

宋代钱塘江流域各县皆产茶。《咸淳临安志》五八《风土》载："岁贡，见旧志载。钱唐宝云庵产者名宝云茶，下天竺香林洞产者名香林茶，上天竺白云峰产者名白云茶。"其中的"旧志"指《祥符州县图经》。被列为"岁贡"，可见其已进入上品序列。香林茶、白云茶当属唐代陆羽《茶经》所记载的"天竺、灵隐二寺"所产的茶系，是后来龙井茶的渊源。南宋时径山茶开始闻名。《嘉庆余杭县志》卷三八《物产·茗饮之属》载："径山茶，径山寺僧采谷雨前者，以小缶贮送人。钦师尝手植茶树数株，采以供佛。逾年蔓延山谷，其味鲜芳，特异他产，今径山茶是也（旧《县志》）。产茶之地，有径山四壁坞及里山坞

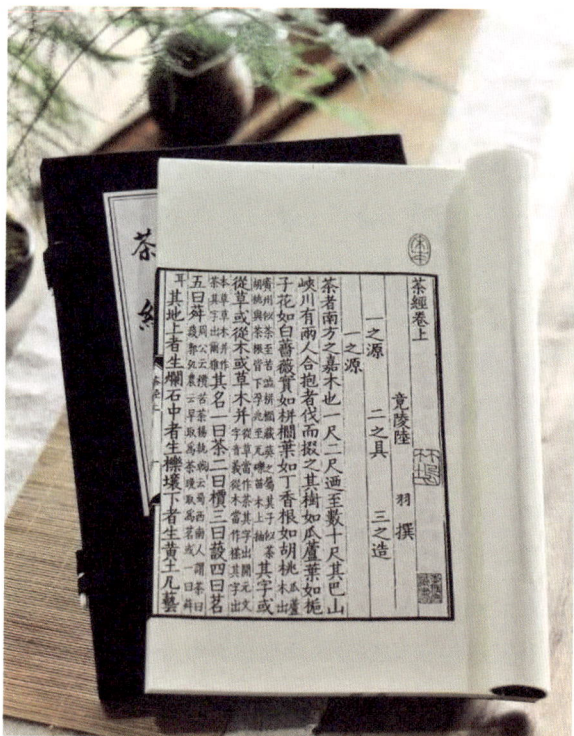

南宋咸淳九年（1273）刊
百川学海本陆羽《茶经》
影印本

出者多佳，至凌霄峰尤不可多得。大约出自径山四壁坞者色淡而味长，
出自里山坞者色青而味薄。此又南北乡出之分也（《续县志》）。"北
宋政和七年（1117）徽宗曾为径山禅寺赐名"能仁禅寺"，南宋孝宗亲
书"径山兴圣万寿禅寺"额。径山寺原宗禅宗牛头派，南宋临济宗代表
人物释宗杲两度住持径山寺，道誉日隆，被誉为江南五山十刹之首，径
山则有"江南第一山"之美誉。日本名僧俊芿、圆尔辨圆、无本觉心、
南浦绍明等先后来寺学禅，回国后传临济宗法，并将茶种、制茶技术和

唐佚名《宫乐图》（《会茗图》）（台北"故宫博物院"藏）

茶宴仪式传回日本。南浦绍明先在净慈寺从释虚堂学法，释虚堂住持径山寺时随往，在径山寺学得茶法。茶宴后发展为日本茶道。

　　茶文化在唐代大兴，至宋代进入极盛。徽宗《大观茶论·序》曾称，宋代的茶"采择之精、制作之工、品第之胜、烹点之妙，莫不咸造其极"。宋代与唐代一样仍行末茶法，即饮用茶末或茶粉，而非明清以后的散条形茶叶，但宋代较唐代在茶叶制作、烹茶方式、茶风茶俗、茶具等方面有不少改进。一是对采茶的季节、天气、技艺等的要求和鲜茶的拣择更加严格。唐代多在农历二月至四月之间采茶，宋代则具体到农历惊蛰前后开始采茶。唐代多在晴朗无云的天气采茶，宋代已认识到清晨的露水可以滋润茶芽，受日光照射后茶芽品质就会下降，因此如《大观茶论·采择》所说，"撷茶以黎明，见日则止"。为了保持茶芽洁净，防止气汗熏渍，又规定用指甲掐摘茶芽，而非以手指捏摘茶芽。二是饼茶蒸后普遍增加榨茶工艺以去苦汁。先用水多次淋洗蒸过的茶叶，然后放入小榨挤干水分，再用布帛包扎并裹上竹皮放入大榨榨出苦汁。三是采用碾茶工艺粉碎茶叶。用茶碾或水磨代替唐代的杵臼，把蒸榨后的茶叶碾磨成极细的糊状物，不仅极大提高了劳动生产率，降低了生产成本，而且使茶叶质量更有保证。四是重视采用和发展饼茶拍制工艺。在饼茶上饰以龙、凤、云彩、花卉等精美图案，增加观赏性。唐代主流的烹饮方式是煎茶，宋代则改为点茶。陆羽《茶经》卷下《五之煮》记载的"三沸煎茶法"，唐末五代被新出现的更为艺术化的点茶法取代。点茶用水须过二沸，刚到第三沸为佳。点茶前先将茶盏烫热，再将茶粉置于茶盏中调成一定浓度和黏度的膏状物。注水时用竹片制成的茶筅击拂茶盏中的茶膏，边点边搅，使茶与水均匀混合成为乳状茶液。茶液表面的白色茶沫多而持久为佳。点茶法使饮茶向艺术化方向发展，但因过于精细而逐渐失去了社会基础，于宋代晚期衰落，明代初年基本退出历史舞台，被简单易行的泡茶法取代。中唐以后形成的斗茶、茶会等茶俗在宋代发扬光大，在社会各阶层盛行。宋代又称斗茶为"茗战"。斗茶除须点茶技艺高超外，也讲究茶、水、器。决定胜负的主要是茶汤颜色和汤花。颜色主要由茶质决定，也与水质和器皿色泽有关。《大观茶论·色》谓，"点茶之色以纯白为上真，青白为次，灰白次之，黄白又次之"。汤花主要由点茶技艺决定。首重白色，次看水痕，茶沫和水离散的痕迹持久者为胜。宋代茶会蔚然成风，是社交和信息交流的重要方式。当时还形成了一些新的茶礼、茶俗，影响最为广泛直至今日者当属来客敬茶。南宋人徐度《南窗纪谈》云："客至则设茶，欲去则设汤，不知起于何时。然上至官府，下至里闾，莫之或废。"婚礼下茶的习俗也始于宋代。在茶具方面，因点茶法取代煮茶法，茶注遂取代唐代的镀而成为主器，相应地，又出现了点茶用的茶匙、茶筅等。因饮茶品茗的艺术化，茶具的样式、选料和颜色等也发生变化，向更有利于发挥最佳功能的方向发展。如唐代茶盏样式比较简单，宋代则既要求壁厚，又要求呈深腹、斜腹壁和敞口状，以利于点茶。

与稻作农业相比茶叶生产的比较效益很高，乃至可以超过蚕桑业，元代以后钱塘江流域出现茶地挤占稻田的境况。西南丘陵地区缺乏稻田，而可利用坡地或山地种植茶树。一些地区茶业成为农民的基本生业。凡宜茶山区，几乎都栽种了茶树。龙井茶品质特高，自元代起名声渐起。元人虞集《次邓文原游龙井》《次韵邓善之游山中》二诗最早提到龙井茶。其中《次韵邓善之游山中》云："徘徊龙井上，云气起晴昼。……坐我蒼卜中，余香不闻嗅。但见瓢中清，翠影落群岫。烹煎黄金芽，不取谷雨后。同来二三子，三咽不忍嗽。"记述了饮茶的品质特点、类型以及品饮者的情状等龙井茶事。诗中提到的"黄金芽"当是散茶，而元代的茶叶加工技术已基本完成由饼茶为主向以散茶为主的转换。龙井茶名声的鹊起，是以其制茶工艺的改进、茶叶品质的提升为契机的。自虞集之后，有关龙井茶事的记载日渐增多。明人田艺蘅《煮泉小品·宜茶》云："今武林诸泉，唯龙泓入品。而茶亦唯龙泓山为最……其地产茶，为南北山绝品。鸿渐第钱唐、天竺、灵隐者为下品，当未识此耳。而《郡志》亦只称宝云、香林、白云诸茶，皆未若龙井之清馥隽永也。余尝一一试之，求其茶泉双绝，两浙罕伍云。"又明人屠隆《考盘余事》卷三《茶笺》云："龙井不过数十亩，外此有茶，似皆

杭州龙井

不及……山中仅有一二家炒法甚精，近有山僧焙者亦妙。真者天池不能及也。"其中"炒法甚精"之表述有不同于"焙"制之意，可能与现代龙井茶炒制工艺有相关性。屠隆还著有《龙井茶歌》盛赞龙井茶。明太祖进行贡茶改制，推行"罢造龙团"和"叶茶上供"，推动清饮之风形成，龙井茶被选为贡茶，这在客观上推动了龙井茶的发展。

唐宋时期除少量兼营茶业的农户外，茶叶生产者主要为茶园户。明代以来则较多兼营户，茶业成为农家普遍的副业，在山区种茶多少一时成为衡量财富的标准，如《道光武康县志》卷五《物产》所谓"千树茶比千户侯矣"。作为副业的茶叶生产与茶园户的种植方式有所不同。唐宋时期的茶叶生产组织方式多为家庭式，栽培方式多样，形成条植、丛植、单株、穴播、林茶间作、果茶间作、粮茶间作、茶园轮作和混作等适应不同地貌特点的栽培制度。明代除了家庭式继续发展外，很多大地主、富商经营较大面积的茶山，多采取雇工的方式组织生产，发展了唐宋的栽培方法和技术，且更趋于规模化、园区化。

清代钱塘江流域茶叶生产水平进一步提高。谈迁顺治七年（1650）前后所撰《枣林杂俎》记载，全国贡茶总量达2011千克，其中浙江省18个县253千克。清高宗六下江南，四上龙井，御题"龙井八景"和"十八棵御茶"。清代中叶以后，除了个体小农的茶园外，很多大地主、富商经营较大面积的茶山多采取雇工经营的方式。

民国十九年（1930）十二月浙江省政府农矿处印行的俞海清编著、吴觉农校阅《浙江省杭湖两区茶业概况》一书将浙江省产茶63市、县分为4种茶区。自清末开始，龙井茶已遍植西湖湖西、湖南各处，形成了"狮、龙、云、虎"4个主要生产基地。民国时曾被列为中国名茶之首。民国二十一年（1932）《农声》杂志第160期刊载的

《华茶衰落期中浙江杭州市茶叶之概况》一文载，当时龙井茶园面积已增至2350亩。国民政府农林工商部应商家申请，准予龙井茶以"狮""龙""云""虎"4字号为商标注册。"狮"字号品质为最，仅为狮子峰一处所产。"龙"字号产于龙井、翁家山、杨梅岭、满觉陇、理安寺、赤山埠一带，自然品质可与"狮"字号相媲美，唯采摘、炒制技术稍逊。"云"字号产于云林、法云弄、天竺、云栖、五云山、梅家坞、郎当岭西等地，香味不及"狮"字号、"龙"字号，但做工讲究。尤以梅家坞的为优，后来又单列"梅"字号。"虎"字号产于虎跑、四眼井、白塔岭、三台山一带，自然品质略次。4字号茶区相邻地区也有采制龙井茶的，称为"四乡龙井"。此外尚有白乐桥、玉泉、金沙港、茅家埠、黄龙洞一带平地茶，俗称"湖地茶"。约自抗日战争全面爆发起浙江的丽水、武义、松阳、淳安、嵊县等茶区也有仿制龙井茶的。吴觉农在民国三十七年（1948）写的《浙江茶业瞻望》一文中曾说："龙井茶虽冠以西湖之名，而其产区实包括杭州附近，如杭县、余杭、临安、富阳，乃至於潜、昌化及绍属各县，产量极为可观。"吴觉农还指出，杭州是内销的龙井茶与外销的红绿茶的产销中心。上海出口的茶叶占全国80%，杭州既是龙井茶的故乡，也是浙、皖、赣、闽茶叶运销集散枢纽，为茶业产销或出口重心所在。有茶户（俗称山客）自主运至杭州的，也有茶商（俗称水客）直接到茶乡采购转运至杭州的。茶叶商号分为茶行和茶店两种。茶行系收购批发商。茶店又分茶庄和茶号两种，茶庄为零售兼批发商，茶号为零售商。民国二十年（1931）全市有各种茶行16家，即同春兴记、永大、公顺、裕泰、全昌泰、庄源润、隆兴记、源记、保泰、沈荣桢、戚龙章、翁启龙、鼎丰、翁月龙、吴钦记、应公兴。其中候潮门外9家（经营皖、赣及钱塘江上游各县茶

杭州翁隆盛茶庄旧影

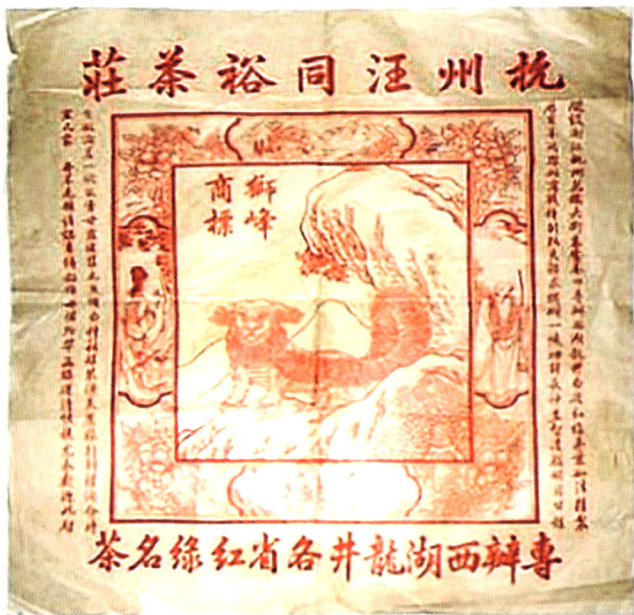

杭州汪同裕茶庄广告

叶），翁家山和龙井各2家，满觉陇、杨梅岭和茅家埠各1家。总资本
98100元，销售额2881200元，从业人员247人。全市共有茶店61家，规
模较大者如翁隆盛、鼎兴元记、方正大、方福泰、吴恒有和记、茂记、
永馨、永春、汪同裕等。总资本117830元，销售额1879060元，从业人
员494人。外埠运至杭州的茶叶37万余担，其中由杭州中转的34.4万余
担，总价值1437.5万余元。这些茶叶一般都集中在候潮门外装箱外运，
主要销往山东、广东、香港等地。每至春季，全国各大城市茶商云集杭

州，通过当地茶庄、茶号收购茶叶，抢运各地报新。杭州最有名的茶庄要数汪庄。汪庄不仅是汪自新构建的私家别业，而且也是上海汪裕泰茶号在杭州的门市部汪同裕茶叶店。每当西湖龙井新茶上市，汪自新、汪振寰父子从上海赶到汪庄验收各茶行代购的新茶，择优汰劣，分级包装上罐。汪庄设有临湖的试茗室，陈设雅洁，茶具均为精品，宜兴紫砂、景德镇精瓷、福州漆器以及法国进口的玻璃器皿应有尽有。清明前后大批茶商、散客来汪庄购茶，可以一面赏景一面品茶，一面选购茶叶和茶具。汪庄以文化业茶名声大振，但汪同裕茶叶店并无茶叶加工场和贮藏保管茶叶的成套设备，相比之下这方面翁隆盛茶庄更有优势。雍正七年（1729）歙县（另有杭州、海宁说）人翁耀庭在清河坊创办的翁隆盛茶庄，民国二十年（1931）资本为3万元，销售额24万元，是当时最大的茶庄。翁隆盛茶庄以进货严格、加工精细、保管得法闻名。所产皆为名副其实的龙井春茶，其中极品狮峰龙井茶曾在首届西湖博览会上获奖。翁隆盛茶庄还首开邮购业务，产品远销全国各大城市和东南亚各国。

印刷术与典籍文化滋盛

雕版印刷发明于隋唐时期。可能最先应用于佛经和民间历书的印制，再逐渐向一般书籍延伸，尤其是科举考试兴起以后。从技术方面来说，隋唐以前已经有了成熟的印章术、摹拓术和制墨术等，而造纸术至隋唐时才比较成熟。白居易于长庆二年至四年（822—824）任杭州刺史，其间编印《白氏长庆集》。元稹长庆四年任浙东观察使、越州刺史时所撰《白氏长庆集序》称："扬、越间多作书摹勒乐天及予杂诗卖于市肆中也。"

吴越国时期大量印制佛经，推动了印刷业进一步发展。民国十三年（1924）杭州雷峰塔倒塌，发现大批吴越国王所刊刻的经卷。其中《宝箧印经》经卷框高5.7厘米、长205.8厘米，经首镌刻"天下兵马大元帅吴越国王钱俶造此经八万四千卷，舍入西关砖塔永充供养。乙亥八月日记"。文左镌刻佛说法图，再左为经卷全文。乙亥为宋太祖开宝八年（975）。另有记为北宋太平兴国元年（976）的超过1米长的塔图，绘佛经故事较为精细，是中国现存最早的版画之一。此2卷曾为吴湖帆长期收藏。此外，民国六年（1917）湖州天宁寺经幢象鼻中发现《一切如来心秘密全身舍利宝箧印陀罗尼经》，经首镌刻"天下都元帅吴越国王钱弘俶印《宝箧印经》八万四千卷，在宝塔内供养。显德三年丙辰岁记"。字后为人礼塔像，再后为经文。1971年安徽省无为县无为中学宋代舍利塔下砖墓小木棺内发现同样一卷。同年绍兴市区出土小金涂塔内发现经卷一卷，题字为"吴越国王钱俶敬造《宝箧印经》八万四千卷，永充供养。时乙丑岁记"。乙丑为宋太祖乾德三年（965），比开宝本雷峰塔经刻印时间早10年，而晚于显德本刻印时间9年。此本扇页画线条明朗美观，清晰悦目。张秀民《五代吴越国的印刷》一文指出："及看了绍兴出土的乙丑本经卷，不但扉画线条明朗精美，文字也清晰悦目，如宋本佳椠。纸质洁白，墨色精良，千年如新，实为罕见。可以证明吴越印刷不但数量多，质量亦臻上乘。"后周广顺元年（951）钱俶还刻印过《妙法莲华经》7卷。这些印经皆纸质洁白，墨色精良，印制工艺水平极高。吴越国时印经的主要主持人是钱俶，而最著名的刻经人则是释延寿。释延寿深得钱俶信任，为其刻印大量经文、佛图等。据国家图书馆藏南宋绍兴三十年（1160）临安府北关接待妙行院募刻的释延寿《心赋注》和释元照编《永明智觉禅师方丈实录》记载，释延寿刊印的佛经和佛图计有《弥陀塔图》（亲手印14万本）、《弥陀经》《楞严经》、《法华经》、《观音经》、《佛顶咒》、《大悲咒》（以上约印于939年）、《二十世应观音像》（914年绢素印2万本）、《法界心图》（印7万本）、《孔雀王菩萨名消灾集福真言》、《西言九品变相毗卢遮那灭恶趣咒》（以上各印10万本）、《阿閦佛咒》、《心赋注》，共68.2万卷（本）。其卷量之多在当时无与伦比，在中国印刷史上也是空前的。吴越国的佛经印本不仅在国内流传甚广，还遍施邻国。如此大规模、有系统雕版刻印佛经佛像，不仅为宋代杭州成为全国出版印刷业中心奠定了坚实基础，也推动了两浙印刷业发展。

一切如来心秘密全身舍利寳
篋即陀羅尾經

如是我聞一時佛薄伽梵在
摩伽陀國無垢園寳光明
池中與大菩薩⋯⋯及大聲
聞僧天龍藥叉健闥婆阿
羅伽迦樓羅緊那羅摩睺
羅伽人非人等無量百千
衆俱前後圍遶尒時衆中
有一大婆羅門名無垢妙
光多聞聰慧人所樂見常
奉十善於三寳所决定信
向善心敬重智慧後細常

味飲食張施殿宇種種莊
嚴至明旦已與諸眷屬持
衆香花及諸伎樂至如來
所白言時至然坐我請今
正是時影嶽聽許
尒時世尊安慰彼婆羅門
無垢妙光言汝等皆應往彼
告言汝等欲令彼獲大利故
門宷若敢令彼獲大利故
於是世尊即從坐起纔起
廛忘從佛身出種種光明
間錯妙色照曜十方悉皆
警覺王然後取道時婆羅
門以恭敬心持以香花與
諸眷屬及天龍八部導梵
護世光行治道奉引如來
尒時世尊前路不遠中至

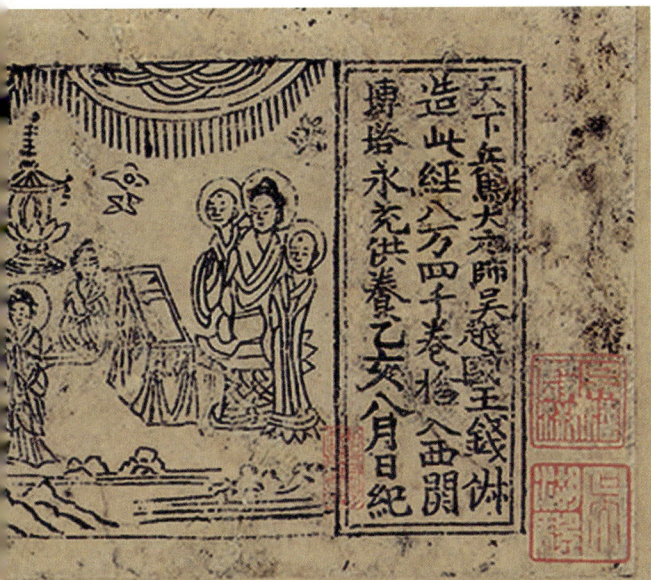

天下兵馬大元帥吳越國王錢俶
造此經八万四千卷捨入西關
塼塔永充供養乙亥八月日紀

杭州雷峰塔出土北宋开宝八年（975）
钱俶造《宝箧印经》

北宋已形成东京（开封）、两浙、四川、福建、江西五大刻书中心，以杭州最为著名。南北宋之交的叶梦得《石林燕语》卷八尝言："今天下印书以杭州为上，蜀本次之，福建最下。京师比岁印版，殆不减杭州，但纸不佳；蜀与福建多以柔木刻之，取其易成而速售，故不能工；福建本几遍天下，正以其易成故也。"北宋的印刷业分三大系统，官方国子监所刻称监本，民间书坊所刻称坊本，士绅家庭所刻称私刻。国子监除了遍刻儒家经典以外，还大量校刻史书、子书、医书、算书、类书、诗文总集等。由于两浙刻版印书业实力雄厚，刻书质量特高，大批国子监用书在杭州刻印。南宋临安的印刷业更为发达，且官刻和私雕并举。出现了许多刻书机构，刻书数量之多、质量之高、流传之广在全国首屈一指。官刻机构分为两种，一是国子监等中央机构，二是地方政府机构。国子监是中央官学管理机构和最高学府，同时也是最权威的刻书机构，所刻书籍称"监本"。据王国维《两浙古刊本考》卷下《南宋监本》考证，南宋国子监所刻书主要有经部40种、史部22种、子部4种、集部2种。元代西湖书院曾对南宋国子监残书进行整理。据《元西湖书院重整书目碑》所记，凡经部51部、史部36部、子部11部、集部21部。南宋中晚期私刻之禁被冲破，临安一时私刻之风盛行。御河棚桥边的一些街巷尤多书坊，所刻书形式风格也相近，通称"棚本"。有名可考的书坊有临安府棚北大街睦亲坊南陈宅书籍铺、临安府棚北大街睦亲坊巷口陈解元书籍铺、临安府洪桥子南河西岸陈宅书籍铺、临安府鞔鼓桥南河西岸陈宅书籍铺、临安府太庙前尹家书籍铺、临安府众安桥南街东开经书铺贾官人宅、临安府修文坊相对王八郎家经铺、钱塘门里车桥南大街郭宅经铺、保佑坊前张官人经史子文籍铺、行在棚南街前西经坊王念三郎家、杭州沈二郎经坊、杭州猫儿桥河东岸开笺纸马铺钟家、太

南宋嘉定三年（1210）临安府众安桥南街东开经书铺贾官人宅刊《佛国禅师文殊指南图赞》（神田喜一郎旧藏）

学前陆家、临安府中瓦南街东开印输经史书籍铺荣六郎家、大河北段油蜡桥（新桥）西桥橘园亭文籍书房、铺塘俞宅书塾、钱塘王叔边宅、临安府金氏等。其中荣六郎开设的经史书籍铺是从开封大相国寺东边迁来的，南宋初年曾名闻一时。临安府棚北大街睦亲坊南陈宅书籍铺、临安府棚北大街睦亲坊巷口陈解元书籍铺是陈起、陈续芸父子的书坊，其刊本是棚本中最著名的。陈起可能是开封人，靖康之变随家南渡，后在临安开书肆。陈起与一些重利的商人不同，对贫困文士慷慨相助。他擅诗文，与许多江湖诗人有交往，刻印了多种江湖诗人诗集，为江湖诗派张目宣传。《钦定四库全书总目》卷一六四著录《江湖小集》时称，江湖诗派"以陈起为声气联络，以刘克庄为领袖"。南宋严州府是善本书的重要产地，所刻为宋版书上品，以墨黑如漆、字大如钱、校雠精良驰誉，世称"严州本"。据现有资料统计，宋刻严州本有80余种，其中近30种为初刻本。

北宋庆历年间（1041—1048）布衣毕昇发明活版印刷术，改以往的雕版印刷为活字排印法，这是中国对世界文明的重大贡献。《梦溪笔谈》第一八《技艺》记云："版印书籍唐人尚未盛为之。自冯瀛王始印五经，以后典籍皆为版本。庆历中，有布衣毕昇，又为活版。其法用胶泥刻字，薄如钱唇。每字为一印，火烧令坚。先设一铁版，其上以松脂蜡和纸灰之类冒之。欲印则以一铁范置铁版上，乃密布字印。满铁范为一版，持就火炀之。药稍熔，则以一平版按其面，则字平如砥。若止印三二本未为简易，若印数十百千本则极为神速。常作二铁版，一版印刷，一版已自布字。此印者才毕，则第二版已具。更互用之，瞬息可就。每一字皆有数印。如'之''也'等字，每字则有二十余印，以备一版内有重复者。不用则以纸贴之。每韵为一贴，木格贮之。有奇字素无备者，旋刻之。以草火烧，瞬息可成。不以木为之者，木理有疏密，沾水则高下不平，兼与药相粘不可取。不若燔土用讫再火令药熔，以手拂之，其印自落，殊不沾污。昇死，其印为予群从所得，至今保藏。"文中对活字印刷术记述较为详细，但对毕昇的籍贯和在何地发明却未提及。据毕昇死后泥活字为沈括的侄子收藏这一点，一般推猜毕昇与沈家或是亲戚，或是近邻。沈括是杭州人，毕昇可能也是杭州人。1990年湖北省黄冈市英山县草盘地镇五桂村毕家坳发现毕昇墓碑，但是否此毕昇尚有疑问。现知宋代用活字印书的实例，仅有南宋周必大于绍熙四年

（1193）印其《玉堂杂记》的记载。《文忠集》卷一九八《札子十·程元成给事》云："某素号浅拙，老益谬悠，兼心气时作，久置斯事。近用沈存中法，以胶泥铜版移换摹印，今日偶成《玉堂杂记》二十八事，首恩台览。尚有十数事俟追记补段绪纳。窃计过目念旧，未免太息。岁月之沄沄也。"但此活字版《玉堂杂记》未见传世实物。元初王祯《农书》附载《造活字印书法》云："后世有人别生巧技，以铁为印盔，界行内用稀沥青浇满冷定，取平火上再行煨化，以烧熟瓦字排与行内，作活字印版……近世又有铸锡作字，以铁条贯之作行，嵌于盔内界行印书。但上项字样难于使墨，率多印坏，所以不能久行。今又有巧便之法，造板木作印盔，削竹片为行。雕板木为字，用小细锯锼开各作一字，用小刀四面修之，比试大小高低一同。然后排字作行，削成竹片夹之。盔字既满，用木榍榍之，使坚牢。字皆不动，然后用墨刷印之。"则可断定南宋末已有锡活字印刷，南宋末或元初已有改进的木活字印刷。活字印刷术在当时毕竟属于初创，有许多不可克服的缺点，一时未能推广应用。甚至后来金属活字、木活字、瓷活字使用面扩大以后，仍以木刻雕版印刷为主流。

明代杭州的出版印刷业仍较发达，只是不再作为全国的刻书中心。除南京、北京外，苏州的刻书自明代也开始兴起，一度曾为全国之冠，所刻书世称"苏版"。万历后苏州府所属常熟县藏书家毛晋的汲古阁刻书更是名噪一时。另外福建建阳自南宋迄至明代一直为全国刻书中心之一，有明一代可与南京相抗衡。徽州所刻版画十分有名。杭州仍是全国书籍刊刻聚集地之一，就刻书数量而言不下宋元时期，但较著名的不多。明代杭州民间书坊可能没有南京和建阳等地多，但为数也不少，可考者有200余家。其中清平山堂、容与堂、文会堂等在中国出版史上

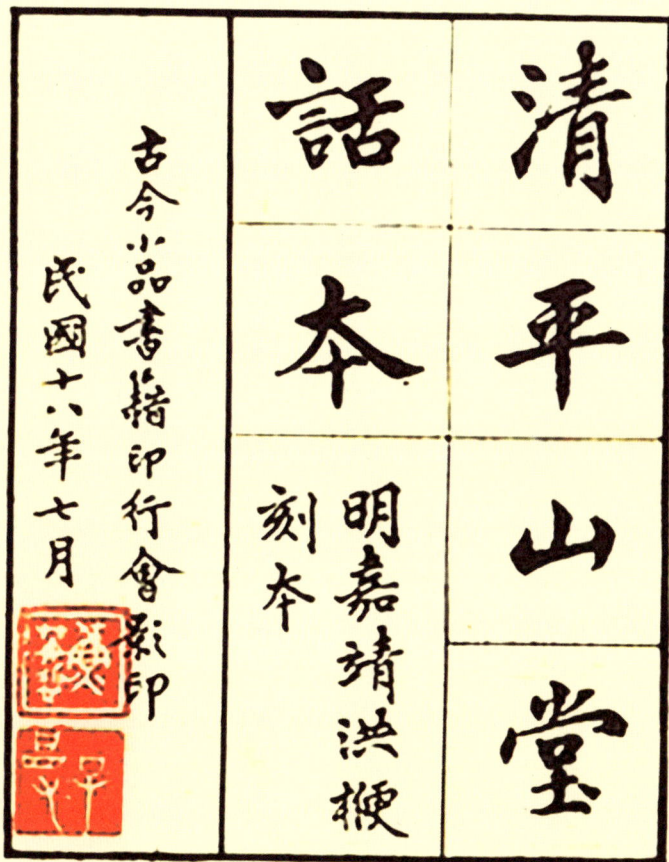

清平山堂话本

明嘉靖洪楩刻本

古今小品书籍刊行会影印 民国十六年七月

民国十八年（1929）古今小品书籍刊行会影印明洪楩刊《清平山堂话本》

占有重要地位。洪楩家族所传之清平山堂既是著名藏书楼，也是刻书机构。丁申《武林藏书录》卷中《洪氏列代藏书》称洪楩藏书"承先世之遗，缥缃积益"，有《洪子美书目》。精于校刊宋元古籍，"既精且多"。所刻书据知有《清平山堂话本》《蓉塘诗话》《六臣注文选》《路史》《医学摄生类八种》《唐诗纪事》《新编分类夷坚志》等。容与堂以刊刻戏曲、小说闻名，曾刻印《李卓吾先生批评忠义水浒传》《李卓吾先生批评琵琶记》等珍贵刊本。今存国家图书馆藏《李卓吾先生批评忠义水浒传》是存世百回本中最早且内容最为完整的"繁本"，价值极高。明代的丛书刻印超过宋元。胡文焕在杭州设文会堂，在南京设分店思莼馆。刻书主要在万历二十年至二十五年（1592—1597），总数达500多种。万历三十三年从中选103种汇辑为《百家名书》，万历三十九年又遴选383种（又有346、140种等说。清顾修编辑《汇刻书目》著录206种。现存168种）集成《格致丛书》，其中多秘册珍籍，是极负盛名的大型丛刊。

宋代典籍之盛超迈于前朝各代，构成一种独特的文化现象。典籍文化主要涉及书籍编纂、出版、藏书3个方面，是宋学发展的另一种表现。宋代钱塘江流域人文荟萃，著述甚多。南宋建都临安后，更是俊彦毕集。当时的文人、学者不仅著述量大，而且重视结集编纂传播。按照主体划分，可分为自己结集、家族结集、门人结集、朋友结集和乡邑结集等。《四库全书》收录宋代文集530部，其中自己结集的53部，家族结集的73部，门人结集的15部，朋友结集的3部，乡邑结集的7部。按《四库全书》分类，别集421部（北宋130部，南宋291部），总集49部，词集55部，词选5部。而宋代以前别集107部，总集17部，五代词选1部，共125部。宋人结集编纂的动因除文化政策宽松、教育和科举兴盛、印刷术和造纸术发展外，也与文化世俗化、文化自觉意识增强有关。当时的结集编纂主体十分广泛。这些书中包括众多典籍文献，特别是宋人别集、总集。如《临川王先生文集》《林和靖先生诗集》《龟溪集》等。南宋时编纂官书甚多，中央政府下属秘书省、国史院（馆）、日历所、实录院、会要所、敕令所、太医局、天文局等编纂各类史书和实用书籍甚多。主要包括帝王日历、实录、会要、国史、百官名录和奏议、法令、兵书、馆阁文献和书目、科学技术文献等。

南宋政府对藏书十分重视，早在绍兴元年（1131）高宗驻跸绍兴时即恢复秘书省建制，重建龙图阁、天章阁、显谟阁、徽猷阁、敷文阁等北宋已有的诸阁，又新建焕章阁、华文阁、宝谟阁、宝章阁、显文阁等数阁，复置御书院，新置缉熙殿，努力恢复国家秘阁藏书。枢密院等也有许多藏书。各类官办学校如属中央政府的太学、武学、宗学、医学等，属地方政府的临安府学和钱塘、仁和县学，也例有藏书。

西晋时范平、褚陶已开杭州私家藏书之风。五代时杭州私家藏书主要集中在钱氏家族。但其时杭州藏书多样化，既有王室官府藏书，也有私家藏书和佛寺道观藏书。出现了一大批著名的藏书楼和藏书家。北宋杭州著名藏书家有姚铉、钱勰、钱龢、释文莹、关景仁等，南宋有李清照、洪晧、周辉、洪咨夔、陈起、陈思、董嗣杲、周密、贾似道、廖莹中等。另外，净慈禅寺、灵隐禅寺、上天竺讲寺、下天竺讲寺、慧因禅院、崇福寺、径山兴圣万寿禅寺等佛寺，东太乙宫、佑圣观、显应观、四圣延祥观、龙翔宫、宗阳宫、宁寿观、南真馆等道观，有大量宗教藏书。

宋代成为经学发展的重要时期，主要得益于雕印技术的普及。这一时期，中央及地方印书机构对于经子书籍印刷尤其热衷。宋代科举屡经改革，但推崇经义和诗赋的格局并没有变。这在客观上也导致整个社会对于经书文献有广泛需求。所以在印本诞生之初，这类书籍的印刷自然优先。由此导致的直接后果是，经学的师徒相承虽然在形式上依然存在，但师徒关系却遭到了严峻挑战。师傅所说并非绝对正确，因为有印本书籍的流传，学生有更多的渠道获取标准的典籍来验证师傅解读的对错。陆游《老学庵笔记》卷七记载，北宋实行三合法时，有教官以《易义》出题："乾为金，坤亦为金，何也？"有学生怀揣国子监版本的《易经》忐忑请教："先生恐是看了麻沙本。若监本，坤为釜也。"教授对照监本后，惶恐愧谢学生。这个事例说明，普通学生有经书印本在手，能较为容易地发现师傅的错误。表面上这似乎维护了典籍的尊严，实则打破了典籍的权威，提升了质疑的勇气，最终培养的是宋人"问古疑经"的精神。自有印本传播以来，学生除社会生活、私塾业师之外，得到额外获取真知的渠道。如此一来，也逐步开启学术发明或改善发明之源。

官学与私学

自汉武帝诏令设置太学并令"天下郡国皆立学校官"以后，中央官学和地方官学就构成传播儒家学说的中心，由此建立起全国性的教育和考试制度，为后来的科举制度播下了种子。西汉官学为立博士而充满斗争，未立为博士的经学大师坚持私人传授，逐渐发展成今、古文经学的长期激烈论争，更是促进了私学的发展。汉代实行严格的户籍制度，禁止人口自由流动，许多学子却外出寻师。史载两汉有姓名可考的私家教授即有360多人，从学者众多。西汉时有记载的私学生徒达上千人。东汉大幅度上升，《后汉书》载蔡玄、魏应、张兴、牟长各有著录生徒万人以上。两汉的讲堂不像后世的书院那样有丰富的藏书，生徒自然也就不可能自由研习，仍如先秦时期那样依靠师徒口耳相传，但已经有了书院的雏形。通过兴办教育事业，钱塘江流域的社会文化水平有了较大提升。全社会也逐渐形成尊重知识、尊重文化的社会风气。

隋唐时期建立了比较完备的学校教育体系，开启了科举教育时代，形成了中国传统教育的基本格局和形态，推动传统教育从封闭走向相对开放，并向规模化方向发展。隋朝对各级官学空前重视。隋文帝立国之初即设立国子寺。开皇十三年（593）改国子寺为国子学，罢掌管宗庙礼仪的太常寺，成为专门的政府机构。国子学置祭酒、主簿、录事各1人，掌国子学、太学、四门学、书算学等官学。国子学招生140人、太学360人、四门学360人、书学40人、算学80人。另外还有大理寺的律学、太医署的医学。过去中央官学忽视科学技术，隋代开始添设算学、医药等专科，以培养专门人才。地方则有州（郡）学、县学等。又广泛征引天下名儒硕学从教。设立太学博士、州博士等。唐代大兴教育，进行数度筹划。虽因各种原因未能完全实现既定目标，但教育事业还是得到较大发展。特别是教育体系从不完备到基本完备，从单一化到复杂化，且颇多制度创新。太宗时中央官学招生人数是隋代的3倍多、高祖规划的10倍多，达到近3000人。高宗时因财政不堪重负，大大压缩规模。武则天通过科举提拔寒门，而官学生以贵族子弟居多，故废坠之。经中宗、睿宗直至玄宗唐代的教育才真正走向鼎盛。唐代私学也较发达。官学衰弱之际如武则天时期私学兴盛，官学大兴之际同样如此。私学已成为必要的教育资源，而非一般的官学补充。钱塘江流域普遍举办县学和乡学、里学。

隋朝统一全国后，将选拔官吏的权力收归中央，用科举制代替九品中正制。晋代已采用考试的方法选拔孝廉、秀才。隋文帝于开皇七年（587）设志行修谨、清平于济两科选人。炀帝于大业三年（607）设进士科，以试策取士。唐因隋制，但做了诸多完善。当时参加科举考试的生源主要是官学学生、私学学生或自学者。由于参与的人太多，会昌五年（845）限制科举应试人数。各道分配名额分进士30人和明经50人、进士15人和明经20人、进士10人和明经15人、进士7人和明经10人4等。浙江西道和浙江东道列第二等，即进士15人和明经20人，属应试人数较多的地区。科举为士人开启了一条进身上层政治社会的捷径，吸引无数学人为之终生奋斗。据今人刘海峰、李兵《中国科举史》一书所载，隋以来近1300年间中央（正朔）政权共取进士102417名、状元507名。隋唐以后，几乎每位读书人都与科举有着不解之缘。

北宋曾兴起3次大的兴学运动。第一次是仁宗时的"庆历兴学"，在改进太学和国子学的同时倡导州（府）、县立学，并规定须在学300日方可参加科举考试。第二次是神宗时的"熙宁、元丰兴学"，整顿地方官学，发展专科学校，太学推行三舍法，改革科举制度。第三次是徽宗时的"崇宁兴学"，将三舍法推行于各级官学，并试图以学校取士而停废科举。这3次兴学运动尽管时间都不长，但造成深远的社会影响，及至南宋时仍余波高涨，极大地推动了整个宋代学校教育的发展。各类学校雨后春笋般涌现，培养了大批人才。宋代学校大致有4种类型，即中央官学、地方官学、书院、乡塾村校。它们相互补充，各有特长，构成较为完整的教育体系。范仲淹先后任睦州和杭州知州，主持兴办教育。元祐元年（1086）知州蒲宗孟重建杭州州学，附设钱塘、仁和县学。至苏轼任杭州知州的元祐四年州学招生数已达200。苏轼上《乞赐州学书版状》，有鉴前知州熊本曾奏乞用废罢市易务书版赐与州学印赁收钱助学，或卖与州学限十年还钱，更要求将这些书版赐与州学，不估价收钱，以增加办学经费。理学家胡瑗顺应社会发展需要，将"明体达用"作为教育核心，在同一学校中分设经义斋和治事斋进行分科教学，将治民、治兵等实用学科纳入官学教学体系。又倡导学生治一事兼摄一事，开主修和副修制度之先声。其主持的湖州州学四方之士云集。甚至太学也效其法。

南宋绍兴十二年（1142）应起居舍人杨愿之请，以临安府学建为太学。次年在岳飞故宅建国子监、太学。开始太学生以30人为额，后续有增加，开禧年间（1205—1207）达到1632人。以后大致都保持这一规模。南宋时参加补选的动辄上万人。《宋会要辑稿·选举五》载，庆元二年2.8万余人，嘉泰二年（1202）更是达到3.9万余人。南宋绍兴元年（1131）建临安府学，择址于凌家桥西的慧安寺故址（今杭州孔庙）。嘉定九年（1216）教授袁肃、黄灏请准扩建。淳祐六年（1246）理宗书二匾。淳祐十一年知府赵与篡再扩建，可容200名学生。咸淳七年（1271）知府潜说友议增学舍，次年知府吴益踵成。临安府学主体建筑有大成殿、养源堂、御书阁、先贤词堂、稽古阁、教授廨宇和斋舍。

书院肇始于唐代，推行于五代，至宋代大盛。唐代书院有两种类型：一种是官方收藏、校勘和整理书籍的机构，最早见于记载的有唐玄宗时期的丽正书院和集贤书院；另一种是私人创建的教学或治学机构，为学者治学或士人子弟受业所用。五代战乱频仍，但学术和科举始终未废，私人书院逐渐增多。北宋初统治者对兴学没有兼顾，加上财力有限，尽管科举备受重视，但州、县学迟迟未置。甚至太学也长久处在草创的水平。在此境况下，作为教育资源必要补充的书院首先得以恢复和发展，且出现许多著名书院，如白鹿洞书院、岳麓书院、睢阳书院、嵩阳书院、石鼓书院、应天府书院、茅山书院等。这些书院原先都是地方长吏倡导或私人兴办的，后来由政府通过赐额、赐书、赐田和任命教授等措施加以控制，有了半官方性质。庆历新政后，政府将办学重点放到州（府）、县学，很少关注书院。《续资治通鉴长编》卷二五二载，熙宁七年（1074）还诏令将书院钱粮拨入"州学已差教授处"，或直接要求书院并入州（府）、县学，于是大批读书人纷纷涌向师资、廪给都较为优厚的州（府）学就读，许多书院因此衰落。但北宋钱塘江流域书院发展与全国大势有所不同。从既有文献资料看，北宋初几无书院，而3

次兴学运动中反而增加较多。究其原因，可能因吴越国保境安民，杭州及今杭州市域在五代末和北宋初并无较大的学校教育断层。而由于两浙由吴越国归宋较晚，北宋早期有关书院的扶持政策未及受惠，后来则因地处偏远州（府）、县学的优惠待遇可能也打了折扣，故没有摆脱吴越国以来教育总体不发达的局势。在需求缺口甚大的历史条件下，即便州（府）、县学有较大发展，仍需书院加以补充。特别是交通不便的县县学教育很难有效覆盖到乡镇。北宋钱塘江流域各县有记载的书院主要有余杭县龟山书院，桐庐县东山书院、南园书院、万卷书堂、蓝田精舍，建德县龙山书院、寿昌县默山书院、岑山书院、石台书院，遂安县双桂书堂等。双桂书堂在遂安县郭村乡（今淳安县姜家镇）郭村西北银峰之麓，为熙宁年间（1068—1077）詹安所建家学发展而来。詹安为举人，躬教5子皆登科第。其中詹桎、詹械同为宣和六年进士，故改名双桂书堂。远近学子慕名而至者众。淳熙二年（1175），詹安第五代孙詹骙中状元，取"登瀛"之义，改称瀛山书院。南宋大量人口南迁，再加上有更多由科举从政的机会，也有更多其他从业机会，所以临安的教育需求空前扩大，所以南宋统治者仍鼓励民间兴办教育。而当时兴办民间教育的条件也较好。如大量名师硕儒汇集，印刷业十分发达，且有许多富商愿意资助以报效社会，或借以博取名望。经过100多年的发展，书院走向成熟，数量和规模较大程度超越于北宋，管理规制日趋完备，教学、藏书、祭祀三大功能均有效发挥。书院不仅讲授朱学、陆学、浙学，还请张栻、朱熹、陆九渊、吕祖谦等理学大师前来讲学。被称为"东南三贤"的张栻、朱熹、吕祖谦交往密切，常被邀至同一书院讲学。

　　元代教育大体承袭唐宋传统，借鉴辽金经验，并结合实际创造了一些新的办学形式。与唐宋不同的主要是富有更多大众教育色彩，如官学

清道光十六年（1836）格致堂刊方季和辑《瀛山书院志》

扩展到过去未涉及的地方基层社会组织以及边疆和军队驻地、盐场等，且更适应社会各方面需求。元代还确立了程朱理学在学校教育、科举考试乃至思想领域的绝对统治地位。元代选举或贡举都有民族差别。如科举考试对南人、汉人最严，考试科目最多。其次为色目人，要求最低为蒙古人。仁宗皇庆二年（1313）规定，蒙古人、色目人、汉人、南人四等人录取名额乡试各75名、会试各25名，而汉人、南人考生数远远超过蒙古人、色目人考生数。考试时分右、左榜，蒙古人、色目人为右榜，汉人、南人为左榜。左榜考3场，比右榜多1场，考试内容也难得多。录取发榜以右为尊。蒙古人、色目人30岁以上两举不及第者恩授教授、学正、山长等，汉人则要50岁以上。国子学贡举也是如此。国子学汉人生员3年不能通一经及不肯勤学者勒令出学，蒙古人、色目人则可别议。授官品级则相反，蒙古人最高，色目人、汉人、南人依次。《元史》卷八一《志第三十一·选举一》载，武宗至大四年（1311）规定，"蒙古授官六品，色目正七品，汉人从七品。试蒙古生之法宜从宽，色目生宜稍加密，汉人生则全科场之制"。

元代的教育机构在功能上不局限于教学，还有功于学术思想的传播。西湖书院又称西湖精舍，相沿南宋国子监发展而来。按宋制，国子监既是全国最高教育管理机构，同时又具有全国最高出版管理机构的职能，所以南宋时有印文字所和书版库，设丞、簿专管刻书事宜。西湖书院设尊经阁和书库，主要贮藏南宋太学书籍和书版。其藏书以质量好闻名于时。其中大量善本不仅校勘精细，印刷也是一流的。收藏书版"凡经、史、子、集无虑二十余万"，3700余卷。据泰定元年（1324）书院对这些书版整理后所编《西湖书院重整书目》载，计有经部51种约1100卷，史部35种约1600卷，子部11种约100卷，集部24种约900卷。《西湖书院重整书目》是中国书院史上最早的刻书目录，也是中国印刷出版史上最早的书目之一。

明代前期100多年间官学取得显著发展。明代的中央官学除国子监外也有宗学、武学等。国子监包括中央国子监、中都国子监、北京国子监、南京国子监。至正二十五年（1365）太祖将元代集庆路儒学改为国子学，洪武十五年（1382）改称国子监。洪武八年（1375）又在故乡凤阳府设立中都国子学，洪武十五年改称中都国子监。后并入京师国子监。成祖于永乐元年（1403）将北平府儒学改为北京国子监，永乐十八年迁都北京后改称国子监，以原京师国子监为南京国子监。明代地方儒学分为4类：第一类是府、县学，为地方官学主干；第二类是按军队编

制设立的儒学，如都司学、行都司学、卫学、所学等；第三类是有关行
政机构中设立的儒学，如都转运使司学；第四类是在少数民族居住区设
立的儒学，如安抚使司学、宣慰使司学、指挥使司学、长官司学等。这
些地方儒学普遍设立始于洪武二年（1369）。此外府、县均设医学和阴
阳学。

元代杭州路学至正年间（1341—1368）两毁，一毁于徐寿辉红巾
军，再毁于火。虽经两次修葺，但至明初已破败不堪。约洪武七年
（1374）知府王德宣奉诏于旧址重建杭州府学。永乐年间（1403—
1424）建尊经阁汇藏朝廷颁赐之书，正统年间（1436—1449）建斋舍，
后续有所建。正德十二年（1517）知府留志淑将原藏于仁和县学的南
宋石经移于戟门外，将宋理宗《道统十三赞》刻石迁于尊经阁下。嘉
靖九年（1530）又将大成殿改为先师庙，并建启圣祠。万历二十三年
（1595）提学金事伍袁萃置学田。后又多次修葺，在明伦堂两侧建体
仁、利物、嘉会、永贞四斋。此后又有多次毁建。经王德宣等捐购、朝
廷颁赐、正德时提学副使刘瑞请购等，尊经阁藏书日益丰富，约计万
卷，藏书量在诸府学中居前。明代钱塘江流域各县县学较为完备。明代
继承和发展了元代的社学制度，在全国镇市和乡村广泛推行。

明初为推行专制政治曾限制书院发展。洪武元年（1368）诏令改天
下山长为训导，书院田皆令入官。改山长为训导，实际将书院降级冷处
理。而将书院赖以生存的学田入官，则更是意在从经济上搞垮书院。
《明史》卷六九《志第四十五·选举一》载，洪武五年对书院进一步采
取禁绝措施，下令"革罢训导，弟子员归于邑学。书院因以不治，而祀
亦废"。全国不少书院因此被并入地方官学或社学，就连著名的白鹿洞
书院也处于无人问津、常年失修的落魄境地。宋元以来钱塘江流域比较

著名的书院不是被改并，就是处于闲置状态。如西湖书院被改为仁和县学。成化年间（1465—1487）开始因科举腐败日盛，官学日渐衰落，甚至社学也大为减少，教育无法满足社会需要，统治者不得不调整政策，转而支持书院发展。钱塘江流域的书院再度复兴。成化十二年（1476）浙江左布政使宁良就孤山太乙宫故址重建西湖书院，又名孤山书院。内设书库，并立学田。成化二年萧山知县窦昱在德惠祠西创建道南书院，成化十一年淳安通判刘永宽在县治东城隍庙东南创建清溪书院，弘治十一年（1498）浙江右参政周木在凤凰山万松岭报恩寺故址创建万松书院，弘治十二年在开元宫旧址创建浙江提学书院，弘治年间（1488—1505）桐庐知县李德恢在县治北创建镜塘书院。万松书院规模已接近杭州府学。其他重建的书院规模也比前代有所扩大。

明代科举与官学融为一体，官学成为科举的附庸。在前代3级科举考试的基础上，明代实际上形成了5级考试体系。首先是正统九年（1444）在乡试之下增加由各省、直隶提学官主持的"科考"，作为科举的最低一级考试。规定除在京吏员、承差人等由所在衙门保勘和礼部考送外，其余应试者只有科考中试方能获得参加乡试的资格。其次是永乐二年（1404）在殿试之后增加从二、三甲进士中选拔庶吉士的考试，以培养和储备高级人才。故考试层级增为科考、乡试、会试、殿试和庶吉士考试5级。明代形成了空前完备的功名体系，构建了由状元、榜眼、探花、庶吉士、二甲进士、三甲进士、举人、监生、岁贡和生员等科举和学校功名构成的层级。状元、榜眼、探花和二、三甲进士都是前代已有的功名。庶吉士作为仅次于一甲进士的科举功名则为明代独创。举人、监生、岁贡、生员等名词虽在明代以前已出现，但还不代表功名。明代则获得了固定的选官资格，入仕数量约为进士的10倍。明代中

清敷文书院图（资料来源：沈翼机、傅王露等纂：《雍正浙江通志》卷一《图说》）

叶后形成了中央和地方要职几乎全部由进士占据乃至非进士不得入翰林、非翰林不得入内阁的局面。科举功名成为决定士人地位和朝廷政治资源分配的主要标准。此时功名之多样、待遇之优厚为前代所不及。

清代官学在沿袭前代的基础上做了一些调整。中央官学分为国子监、宗人府、内务府、理藩院、钦天监、太医院、乐部等专门机构或属学。地方官学包括儒学（府、县、卫）、阴阳学（府、县）、医学（府、县）、武学（顺天府专设，其他府、县附设于儒学）、社学、井学、书院。部分社学、井学、书院属私学。私学主要是蒙学，有家塾、学馆、村塾、义塾等。清代钱塘江流域各府、县学得到多次修缮，杭州贡院也在原址得以扩建，教学较明代更为完备。其他学校也普遍发展。

清初统治者忌讳前代书院参与党争、指斥朝政，或担心其成为宣传反清思想的基地，故对其采取禁抑政策。但书院制度有深刻的社会影响，民间修复和创设书院的要求十分强烈。康熙十年（1671）浙江巡抚范承谟重修万松书院，并改名太和书院。康熙三十二年巡抚张鹏翮再修。康熙五十五年巡抚徐元梦又修，浙江盐驿道使黄炳捐置学田。因圣祖赐"浙水敷文"额，更名敷文书院。雍正初期对书院兴废仍存疑虑，后采取较为宽容的政策，17个省修复或创建省级书院23所。杭州敷文书院赐银1000两，成为浙江级别最高的学府。乾隆时不仅延续了上述政策，还对书院的教学管理以及山长选聘、生徒入学条件等做出更细致的规定，采取更多的激励措施，并将办学业绩列为督抚和学政考核范围。高宗曾6次巡临敷文书院，赐"湖山萃秀"匾和"正谊明道，养士求贤""正其谊不谋其利，明其道不计其功"联，又赐"十三经""二十二史"等典籍，使敷文书院名盛一时。紫阳书院也于乾隆十六年（1751）受赐御书"白鹿遗规"匾。

在中央政府的激励下，钱塘江流域各级地方官员都十分重视书院建设，民众也积极捐田捐钱，从府到县以及广大乡村书院大量涌现。雍正至道光年间（1723—1850），杭州及今杭州市域共修复和创建书院22所。其中新建20所，修复2所。嘉庆五年（1800）浙江巡抚阮元在孤山南麓关帝庙照胆台右创建诂经精舍。

清代钱塘江流域各种等级的书院俱全，既有专门培养童蒙的书院，也有类似现今研究生院程度的书院。初等教育程度的书院主要招收童生，与族学或义学接近。如新城会文馆和桐庐三峰书院等。中等教育程

民国时期的诂经精舍

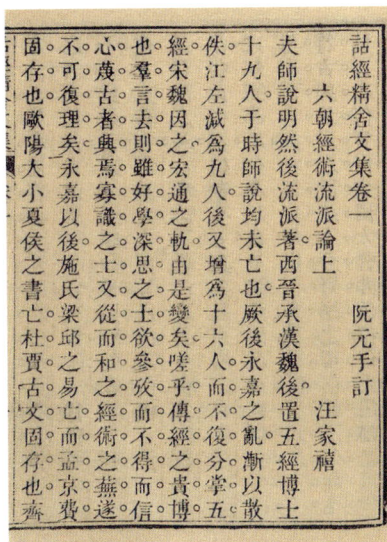

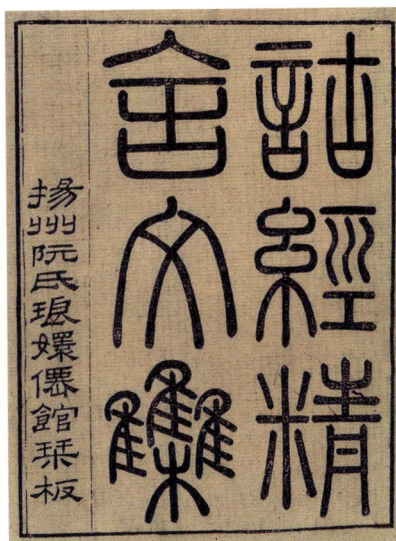

夫師說明然後流派著西晉承漢魏後置五經博士
十九人于時師說均未亡也厥後永嘉之亂漸以散
佚江左減爲九人後又增爲十六人不復分掌五
經宋魏因之宏通之帆由是變矣嗟乎傳經之貴博
也聖言去則雖好學深思之士又從而之經術之蕪遂
心蔑古者典焉寡識之士欲參攷而不得而信
不可復理矣永嘉以後施氏梁邱之易亡而孟京費
固存也歐陽大小夏侯之書亡杜賈古文固存也齊

六朝經術流派論上

阮元手訂

汪家禧

詁經精舍文集卷一

清嘉庆六年（1801）扬州阮氏琅嬛仙馆刊《诂经精舍文集》

度的书院一般设在府、县治，规模稍大。有的招生不局限于本地。如萧山西山书院、分水玉华书院、寿昌屏山书院、遂安台鼎书院、桐庐桐江书院、建德宝贤书院、临安锦城书院等。省会书院有的相当于高等教育程度，面向全省招收举贡生，内容以举业为主。如敷文书院、崇文书院、紫阳书院、西湖书院等。敷文书院招收童生、监生和举人3类生徒。诂经精舍约当现今的研究生院，在全国也较少见。敷文书院、崇文书院、紫阳书院和诂经精舍有"清代杭州四大书院"之称，也是清代浙江最著名的书院。由诂经精舍等杭州6所书院改并而成的专课中西实学的求是书院则是浙江大学的前身。清代生徒出路并不限于科举，还可通过举贡入仕，但当时极看重科举出身，所以办学者往往唯科举是教，求学者则往往唯科举是学，教育极端科举化，乃至成为科举教育。科举分童试、乡试、会试、殿试、朝考5级，各级学校基本都围绕这些考试组织教学。

图书在版编目（CIP）数据

钱塘江物语 / 周膺, 吴晶著. — 杭州 : 浙江工商
大学出版社, 2019.10

（"钱塘江故事"丛书 / 胡坚主编）

ISBN 978-7-5178-3463-2

Ⅰ. ①钱… Ⅱ. ①周… ②吴… Ⅲ. ①浙江—地方史
—掌故 Ⅳ. ①K295.5

中国版本图书馆CIP数据核字(2019)第193695号

钱塘江物语
QIANTANG JIANG WUYU

周　膺　吴　晶著

出 品 人	鲍观明
策划编辑	沈　娴
责任编辑	刘　颖　沈　娴
封面设计	观止堂_未氓
责任校对	田程雨
责任印制	包建辉
出版发行	浙江工商大学出版社
	（杭州市教工路198号　邮政编码310012）
	（E-mail：zjgsupress@163.com）
	（网址：http://www.zjgsupress.com）
	电话：0571-88904980，88831806（传真）
排　　版	杭州林智广告有限公司
印　　刷	安徽新华印刷股份有限公司
开　　本	880mm×1230mm　1/32
印　　张	6.375
字　　数	150千
版 印 次	2019年10月第1版　2019年10月第1次印刷
书　　号	ISBN 978-7-5178-3463-2
定　　价	68.00元